裁判はドラマだ！

リオを書きたいあなたのための
いと感動の裁判傍聴ガイド

原恵礼❖著

言視舎

まえがき

裁判には、ひとの人生を大きく変える力があります。刑事裁判で死刑を宣告されるひと。裁判で争って多額の損害賠償金を得るひと。ドロ沼の愛憎劇の末、離婚が成立するひと。

人生が変わるということは、そこに人間ドラマが生まれます。名もない一般人が、喜怒哀楽、嘘や本音、欲望や愛情を腕いっぱいに抱えて、法廷という桧舞台に登場します。そして、人前で恥ずかしげもなく滑稽な本性をさらけ出すのです。

つまり裁判所は、どんなフィクションも敵わない、究極の人生劇場だといえます。

そんな裁判所に、フラフラと迷い込んだのがこのわたし。

創作好きで、好奇心旺盛で、少々凝り性なのだけが取り柄という、シナリオライター志望のどこにでもいるド素人です。ケータイに届く迷惑メールに「お支払いがなければ法的手段をとります」と書いてあるだけで怯えるような小市民です。司法に関する知識は平均点以下だったと、胸を張って言えます。

そんなわたしですが、初めて裁判を傍聴した日、ものすごい発見をしてしまいました。

裁判所って、ドラマの宝庫だ！

映画にテレビの地上波、ＢＳ、ＣＳ、ネットでの動画配信――そんな多チャンネル時代の渦中にある現代でも、これほど濃密なドラマに触れられるのは裁判所以外に考えられません。無料で誰でも観られるし、会員登録も必要ない！　特に創作を志す人間にとっては、これほどお手軽に、質のいいネタを拾える場所はないでしょう。

わたしは狭量な人間なので、本来ならこんなおいしいネタ元は誰にも教えたくないところです。しかし、これは決して尽きることのない巨大鉱脈、永遠に枯れることのない油田のようなもの。創作を目指す者同士、仲良く恩恵を分け合おうじゃないか！という気持ちで、この本を書くことにしました。ですから、主にシナリオライターを目指す方のお役に立つ内容となっています。

まずは自己紹介を兼ねて、Ⅰ、Ⅲでは渾身の裁判傍聴記を。普段は創作妄想の世界に生きるわたしですが、今回ご紹介するエピソードはすべて実際に見たり聞いたりしたことです。決して「盛って」いません。むしろちょっと自主規制して過激度を抑えているほど。それでも、これだけ笑えて、泣けるんです。「事実は小説より奇なり」という言葉を、ずばり実証してみせます。

実例で楽しんでいただいた後は、裁判の仕組みを知って更なる理解を深めましょう。Ⅱでご説明する裁判の基礎情報さえ事前に頭に入れておけば、傍聴初心者としてはかなり上出来。裁判モノのシナリオを書く場合も、おおよその用は足りるでしょう。

ここに書いてある以上のことを知りたければ、調べるのは意外と簡単。真面目な話、いまは国民全体で司法を考えていこうという時代です。裁判員裁判が始まってからは、以前よりも裁判がずっと身近になってきています。お堅い裁判所も、必死こいて広報活動に励んでます。こっちが知ろうとさえすれば、親切丁寧に迎え入れてくれるはずです。こんなにハードルが低いのだから、知らなきゃソン。そうして調べ物を始めれば、いつしかあなたも司法マニアの仲間入り。食わず嫌いしていた裁判ドラマのシナリオにも、チャレンジしたくなるはずですよ。

さらにオマケのⅣでは、フィクションの裁判、つまりテレビドラマの撮影現場秘話もご披露します。ひょんなことから足を踏み入れることになった裁判ドラマの現場。その法廷セットで、わたしが何を見て聞いて、体験したのか。ドラマ好きな方ならきっと興味を持ってもらえるはずです。実際の裁判と、フィクションの裁判の違いについても、実例を挙げてご説明。めったに表には出ない、ドラマ制作の裏話が満載です。

——などと冒頭から能書きを垂れましたが、とりあえず、一度傍聴に行ってみないことには始まらない！　でも、いくら口先だけで勧めても、行かない人は行かないですよね。わかっています、ひとを動かすのは至難の業だと。

そこで、わたしなりに拙い筆を尽くして、なんとか皆さんの重い腰を上げさせ、裁判所に足を運ばせるという難しいミッションにチャレンジしてみます。司法の国の観光ガイドを読むような気軽な気持ちで、どうか最後までお付き合いください。

それでは今から、わたくし「司法の国のアリス」が、不思議な裁判ワールドに皆さまをご案内します。

あっ、ほら。すぐそこに、とんでもない曲者の白ウサギが――！

シナリオ教室シリーズ　裁判はドラマだ！　目次

Ⅱ

Ⅲ

Ⅳ

I

1

ドラマチックすぎる裁判傍聴記　その1

巨乳で無罪を勝ち取った、恐怖の器物損壊裁判

痴話ゲンカが刑事事件！　驚愕かつ抱腹絶倒の法廷が出現

はじめに

どういう気まぐれだったのかわからないけれど、あの日ひとりで東京地裁に行ったわたしの横には、こっそり「ドラマの神様」が付き添ってくれていたような気がします。

ずっと前から漠然と興味があった裁判傍聴。でも、これまでの人生で法律を勉強したことといえばせいぜい運転免許を取った時くらいで、裁判に関する知識はゼロ以下。そんな素人にとって裁判所はとても敷居が高くて、なかなか一歩を踏み出すことができなかった。でも２００７年１月某日、とうとう時が満ちたのです。

ちょうどその数日後、周防正行監督の映画『それでもボクはやってない』の公開を記念して、シナリオ・センターで監督の公開講座が開かれることになっていました。予習として『それボク』を観たわたしはその真摯な内容にショックを受け、「監督がここまで本気なら、公開講座の前に本物の裁判を見ておくべき！　それが礼儀というもの！」と頭に血が上ってしまいました。それで、とうとう勇気を出して霞ヶ関の東京地裁にやってきたというわけです。

初めての裁判傍聴

「用のない人、お断り」とでも言っているような愛想のない正門。入口では手荷物のエックス線検査までやっていて、

別に悪いことを企んでいるわけじゃないのに緊張してしまいます。ネットや本で傍聴のノウハウを調べてはいたものの、わたしは雰囲気に負けて挙動不審に陥りました。

あっちをウロウロ、こっちをキョロキョロしていると、建物の脇に大勢の人が並んでいるのが目に入りました。それは当時話題となっていた「耐震強度偽装問題」で逮捕された、マンション販売会社社長の詐欺事件公判の傍聴券を求める人の列。「有名な事件だし、いいかも」というミーハー心でわたしも傍聴券をゲットし、初めての法廷に足を踏み入れたのでした。

見るモノすべてが物珍しく、ニュースで見たことのある人物が次々と出てきたりして、興奮したのも束の間。設計担当の社員が専門用語を使って淡々と証言を始め、初めての傍聴にもかかわらずつまらなくなってきました。一応形ばかりメモをとったものの、全然興味を持てず……徐々に睡魔に襲われる始末。休憩時間に入ったタイミングで席を立ち、ついに脱落してしまいました。

運命の４１９号法廷

なーんだ。裁判、思ってたほど面白くなかったな。やっぱり難しいな。聴いてて疲れちゃったから、もう帰ろーっと。根性のないわたしは、そこで裁判所を後にするつもりでした。

しかし、根性なしであると同時に、もったいながりでもあるわたし。本当に何気なく、「せっかく電車賃かけてここまで来たんだから、もう一件だけ聴いてからにするか」と思って向かったのが、運命の４１９号法廷だったのです。

なぜその法廷を選んだのか、今となっては記憶があいまいで思い出せません。ただ、その法廷のドアがわたしにとって不思議の国につながる入口であったことは確かです。そして、わたしをその不思議の国に引っぱりこんだ「白うさぎ」は、メロンが二つ並んでいるような超巨大バストを持つ、ひとりの美女でした。彼女の話から、この本を書き始めようと思います。

被告人は……

４１９号法廷は、傍聴席がわずか20席程度のこぢんまりした法廷です。開廷数分前、重いドアを開けてイスに腰を下ろしたわたしの目に真っ先に飛び込んできたのは、ピンク色の巨乳でした。針でつついたらバチン！と弾けて割れてしまいそうな、サイズも張りも見事な特級品です。その持ち主は、ストレートのロングヘアが若々しい印象を与えるものの、実は意外と歳食ってるんじゃないかと思わせる謎の美女。黒いキャミソールの上に透け透けのピンクのセーターを重ね、下はベージュのチノパンという地味な服装です。

この一癖ありそうな美女こそ、この裁判の被告人であるSさん。彼女は保釈されていたため手錠腰縄などは付けられておらず、ハンドバッグを持って裁判所にやってきて、自ら法廷内に入って被告席に着席しました。傍聴ビギナーのわたしにとっては「へぇ、そうなんだ」と思った光景でした。

Sさんはやや緊張した面持ちでハンカチを握りしめ、被告人席に座っていました。裁判長が入廷し、検察官が早速起訴状の朗読を始めました。罪状は器物損壊罪。都内のマンションの入り口ドアを蹴り飛ばして壊したという、被害額8万円ほどの事件です。

裁判官が「この起訴状の内容で間違っているところはありますか？」と問います。するとSさんは、待ってました！とばかりに、やや食い気味で「壊してません、わたしはやってません！」とまくし立てました。

事件の犯人とされて起訴された人（被告人）が、関与を否定している事件（＝否認事件）は刑事裁判第1審全体のわずか1割足らず。今回、Sさんは捜査段階では一旦「自白」したものの、今回の初公判でそれを引っくり返したので、これは非常に珍しいケースだと後から知りました。

傍聴初日にこのような裁判と出会えたのは、ビギナーズラックかもしれません。

事件のあらまし

続いて検察官が冒頭陳述を始め、Sさんの生い立ちや事件の概要が明らかになりました。Sさんは当時30代後半。職業はタレントで、経歴のアウトラインを聴いただけでも、なかなか人生経験が豊富そうな女性でした。

事件当日の朝早く、Sさんは恋人である外国人タレントW氏の住むマンションへ行き、1階にある彼の部屋に入ってW氏の隣に添い寝を始めました。ところが実はW氏の反対側には別の女性M嬢が寝ていたのです。つまり川の字で男女3人が寝ているというスリリングな状況に。

W氏は途中で目を覚まし、身の危険を感じたのか、ひとりで部屋を抜け出して近所のコンビニに買い物に行きました。一人分のアメリカンドッグを買って戻ってきたW氏は、SさんとM嬢が部屋の前で取っ組み合いのケンカをしているのを発見。エキセントリックに暴れるSさんをマンションの外に押し出し、エントランスのドアに鍵を掛けました。すると激昂したSさんは、その木製ドアの下部（ブラインド状になっていた箇所）を蹴り壊し、空いた穴からマンション内に侵入を試みた、というのが、検察側の提示した事件のあらましです。

被害者はW氏でもM嬢でもなく、マンション所有者のおばあさんです。これまでもたびたびSさんが迷惑行為を繰り返していたことから、堪忍袋の緒が切れてついに刑事告訴。Sさんに対して厳罰を希望しているという話でした。

問題のドア。壊れた部分にはビニールの覆いが……。実際はマンションというより、おしゃれなアパートといった感じの建物でした

「ルパン・ザ・サード」？

検察官が読み上げている最中、突然法廷に「ルパン・ザ・サード」の着メロが鳴り響きました。もちろん法廷内では携帯はマナーモードにするのが最低限のマナー。誰だ、よりによってこんな大きい音量で……と、そこにいた全員が犯人探しを始めましたが、間もなくルパンが見つかりました。胸ポケットの携帯を取り出して、焦って電源をオフにしようとしていたのは、Sさんの弁護人だったのです。

この一件を抜きにしても、国選弁護人であるおじいちゃん弁護士は、素人のわたしから見てもかなり頼りなく、刑事裁判やったことあるのかな？と疑ってしまうような言動が多く見られました。その感想はあながち的外れではなかったようで、この次の公判から弁護人が別の人に代わっていたのです。Sさんが激怒してクビにしたらしいと、後日わかりました（国選弁護人を被告人が解任することは通常できませんが、無理を通したようです）。

傍聴に夢中

ここまでの小一時間が初公判でした。わたしはすっかりSさんに夢中になってしまいました。ここまで強烈な女性は、普段の生活ではめったに出会えません。キンキンにキャラが立っています。

三角関係のもつれで木製のドアを蹴破ったというエキセントリックな行動。二昔前のぶりっ子アイドルのような表情の合間に一瞬だけ覗かせる恐ろしい般若顔。本来のサイズより小さい服に大柄の身体を無理矢理押し込んでいるのは、同じ女性としては気持ちはわかるけれども、自分を客観視できていない表われのような気もしました。とにかく「わたしはやってない！」ということを全身全霊で伝えようとしているSさんの姿は、それが真実かどうかはまだ判断できないにしても、傍聴人のわたしの心を揺さぶりました。

「すんごいもん見つけちゃった！」と、わたしは舌なめずりするような気持ちになりました。

第2回公判

弁護人の交代劇があったせいか、通常だと約1週間後に行なわれる第2回公判は、1カ月半後に開かれました。

今回もSさんはピンクのツインニットにチノパンを着用しています。残念なことに、ベージュのガードルが腰回りからチラ見えしてしまっていますが、かえってわたしはそこに「締まっていこー！」的な気合いを見ました。それもそのはず。この日の裁判は彼女が主役、つまり被告人質問が行なわれたのです。

新しい弁護人は、俳優の大倉孝二に良く似た30代の男性で、立ち居振る舞いからやり手っぽい雰囲気が漂っています。早速この弁護人から、被告人Sさんへの質問が始まりました。Sさんの言い分はこうです。

被告人質問

W氏から「目覚まし時計を届けてくれ」と頼まれていたため、当日朝6時50分くらいに部屋に持っていった。その数時間前まで酒を飲んでいたため、「箸で豆がつかめないほど」酔いが残った状態だった。鍵が開いていたので、勝手に部屋に入った。窓には遮光性のあるシートが貼ってあり、部屋の中は真っ暗だった。床で寝ていたW氏はSさんに気付いて「ネンネして」と言ったので、Sさんはそれに従って横たわり、「目覚まし時計だよ」と渡そうとしたが、なぜかはね除けられた。

W氏が部屋を出て行った後ウトウトしていると、突然部屋の奥から何者かが出てきてSさんの洋服を脱がそうとし、胸を揉んできた。危険を感じたSさんは匍匐前進で玄関に向かい、逃げようとした。部屋を出ると、廊下にアメリカンドッグをかじっているW氏が立っていた。W氏はニヤッと笑うと、マンションの外に一旦出て、ドアを蹴って壊した。

その後、W氏は同じく1階にある大家さんの部屋に行って警察への通報を要求。間もなく警察が到着したので、Sさんは「助けて」と保護を求めたが、なぜか逆に自分が現行犯逮捕されてしまった。

「自白」

Sさんはドアを壊したことについては逮捕後ずっと否認していたが、犯行を認めて調書にサインすれば保釈されると検察官に言われ、不本意ながらもサインしてしまった。

これが本当なら、検察による自白強要、冤罪事件です。調書にサインをしてしまった状況をSさんはこう説明しました。

検察官による取調べは2回あったが、よく覚えていない。いずれもほんの5～7分だったと思う。「罪を認めないと保釈しない」と言われた。検察官が嘘の調書を読み上げた時、自分自身のしゃくりあげる声でその内容は耳に入らなかった。取調べ中はずっと手錠をされていたし、その手錠を椅子に固定されていたので、調書を手に取ることすらできなかった。涙で目が曇って、調書の内容を読むことすらできなかった。とにかく内容はよく確認せず、言われるままにサインした。

これが真実かどうかは結局最後までわからなかったのですが、わたしのような素人でもツッコミたくなるポイントがいくつもありました。

取調べ中は被疑者の手錠は外される決まりだし、手錠をかけたまま椅子に固定するというのも不自然です（どういう体勢？）。手錠をしたままサインができたという点にも疑問符が付きます。検察官が話を聞いて調書を作って読み上げてサインさせるまでが5～7分ってこともないでしょう。

Sさんの言い分を聴いていた検察官は、アピールするようにわかりやすく苦笑いしてみせました。そして弁護人も「オイオイ……」と焦っているように、わたしには見えました。

証言する際に、Sさんは「ここで」とか「こうやって」など、盛んに身振り手振りを交えて再現していました。でも裁判ではそれはNG。書記官が証言の内容を記録しているので、「右から左方向へ移動し」とか「何者かの左手がわたしのズボンの左裾を掴んできた」というように、具体的に言葉で説明しなければいけないのです。

この点を裁判官から何度も注意され、そのたびに「イヤーン、ごめんなさい」とほっぺを両手で挟んでクネッという仕草をするSさん。Sさんの言動は常にこのように芝居がかっており、わたしはゲンナリしてきました。なのになぜか目を離せない、そんな不思議な魅力を持った人でもありました。

第4回公判

そして第4回公判。4月の人事異動があったせいか、裁判官と検察官が代わっていました。今度の検察官はちょっぴり関西訛りの残るキリッとした30代の男性。タレントのなべやかんによく似ています。ちょうど弁護人と同年代なので、うまく議論がかみ合いそうです。

全身戦闘モード

これまで執拗にピンク色の服を着用していたSさんは、この日はなんと黒尽くしです。黒のスーツに黒のニーハイソックス、黒ハイヒールにヴィトンのバッグ。いつも以上に化粧も濃く、姿勢もシャンとしており、全身からただならぬオーラが。明らかに戦闘モードです。理由はすぐにわかりました。その日は証人として元カレのW氏が出廷することになっていたからです。

彼は外国人でタレント活動をしているというので、わたしは勝手にスタイリッシュでシュッとした人物像をイメージしていました。ところが法廷に来たのは、チェックのネルシャツにゆるいジーンズ、腰のベルトループにキャップを引っかけている猫背で小太りの男性。それがW氏でした。この日のわたしの傍聴メモには、「アイダホのポテト農家?」と書いてあるくらいです。

しかもW氏は日本語がネイティブ並みに堪能でした。初めは英語通訳の女性がスタンバイしていましたが、すぐに不要ということがわかりました。彼は、Sさんが腰かけている被告人席からわずか1メートルの距離にある証言台に立ち、検察官や弁護人の質問にしっかりした日本語で答え始めました。

W氏の言い分

W氏の言い分をまとめると、事件の概要はこうなります。

当時部屋にいたというM嬢とはあまり親しい仲ではなく、部屋に勝手に上り込んで寝てしまった。そこにSさんが来て、自分が席を外していた間に取っ組み合いのケンカになってしまった。2人を引き離すためにSさんをマンションの外に押し出し、ドアを閉めて内側から押さえた。その際、Sさんは「絶対許さない。Do you love her?《カノジョを愛してるの》」などと叫んでいた。

締め出されたSさんはドアを押したり引いたりした後、足で激しく蹴り始め、ついにドアの下部が壊れた。その開いた穴からマンションの中に再び入ってきて、M嬢とのケンカを続けようとした。そこで大家さんに110番通報を頼んだ……のだそうです。

顔芸劇場

被告人席のSさんを見ると、両手を巨乳の前で組んで谷間を強調し、涙目でじっとW氏を凝視しています。彼女の「顔芸劇場」はこの時すでに始まっていました。

W氏が朴訥ながらも筋の通った説明を展開している間、Sさんも大忙しです。自分の納得いかない話になると、大げさに口を開けて「ハァ⁉」という表情で不満をアピール。

そして何度もサラ金のティッシュを取り出して目頭を押さえて泣き、情に訴える。自分に不利な証言に対しては、手にしていた使用済みティッシュをポトリとヒザに落として、驚きをアピール。裁判官に注意されないギリギリの範囲で、無言の自己主張を繰り広げていました。

W氏は当時Sさんと交際していたことを認めた上で、彼女のことを「気が強い」と評しました。例えば、ケンカの際に米をばらまいたり、トイレにセメントを流して詰まらせたりしたのだと。それって「気が強い」の域を超えているのでは……とわたしはおののきました。しかしW氏のほうも負けず劣らず、とんでもないクセ者であることが明らかになってました。

マジで?

弁護人「あなたは交際中、Sさん宅のガラスを割ったことがありますか?」

W氏「割ったというか、投げたものがガラスにぶつかってしまったのです」

弁護人「あなたはSさんの携帯を引きちぎったことがありますか?」

W氏「う～ん……はい」

弁護人「あなたはSさんの自転車を横に倒して、その上で飛び跳ねて自分の足を骨折したことはありますか?」

W氏「骨折じゃないです、病院に行ったら、骨にひびが入ってるとはいわれましたけど」

「!!」わたしは瞬時に自分の感性のスイッチを切り、ブレーカーを落とし、元栓を締め、とにかくメモに集中して無表情を保とうとしました。10秒くらいは我慢できたかな。ベンチを通じて小刻みな振動が伝わってきて、同時に「くっくっくっくっ」という苦しげなうめき声が聞こえてきました。隣の人が必死に笑いをこらえていたのでした。こうなるともうダメ。そんなわたしたちを煽るように、弁護人の質問が続きます。

弁護人「あなたはタンスを殴って、手を怪我したことがありますよね」

W氏「はい」

弁護人「うん、それで手にギブスをしていたんだよね。それから、あなたは近所の警察署に行って、落としものの財布を自分のものだと偽って騙し取ろうとしたことがありますか？」

W氏「……それはありません」

「!!」く、くるしぃ！　笑いをこらえすぎて死ぬかと思った。なんとかかんとか、腹筋の痙攣が治まった頃、耳を疑うようなW氏の発言があったのです。

別れたくないW氏

弁護人「あなたは今後Sさんとどうしたいの？　付き合っていきたいか、それとも付き合いをやめたいのか」

W氏「……（無言）」

裁判官「質問の意味わかります？」

W氏「わかります」

弁護人「今の気持ちでいいですよ」

W氏「今の気持ちとしては……別れたくない」

わたしは耳を疑いましたね。SさんとW氏は事件後一度も会っていないというのに、この交際は継続してるというのです。それはそれとして、なぜW氏はこれからもSさんと付き合っていきたいと思うのか。そしてその言葉を聞いたSさんは、「ありえない」というように顔をしかめていたけど、立場が逆じゃないの？

W氏の証人尋問が終わり、皆が席を立つ中、法廷内で見つめあうSさんとW氏！　その視線が語るのは憎しみ？　それとも愛？　そして、今にも抱き合いそうな距離で見つめあう2人を見て慌てる弁護人。発情期の犬を引き離す飼い主のように間に割って入り「あのね、そういう話は裁判が終わってからゆっくりできるから」と説得。W氏は肩を落として法廷を出て行きました。

その後廊下で検察官と立ち話していたW氏は、なぜか泣いていて、完全に失恋した男という感じの猫背です。そしてその横を勝ち誇ったように通り過ぎる黒スーツのSさん。この関係性、なんでなんでなんで!?　わたしには全く理解できない男と女の不思議なのでした。

通報したOさん

次に、事件当時110番通報をしたという、大家の娘のOさんが出廷しました。40歳前後のとても華奢な女性。奇しくもSさんと同じ黒スーツでの登場です。声は震えて、明らかに緊張している様子。真横のベンチに座っているS

さんが威嚇するとOさんが落ち着いて証言できないという検察側の配慮で、Sさんは証言台の後ろのベンチに移動させられました。

いつもピントがズレた感じのSさんやだらしなさそうなW氏に比べ、丁寧な言葉遣いでせっかちに話すOさんはやや神経質な印象ですが、「ようやくまともな登場人物が出てきたよ」と、わたしはホッとしました。

Sさんがドアを蹴破る瞬間をこの目で目撃した、間違いないと語るOさん。話に矛盾がなく、理路整然と事件当時の流れを説明していきます。うんうん、とても信頼できる。ここまで確実な目撃者がいれば、Sさんがどんなに容疑を否定しても無理っぽい。

弁護人は

ところが、です。弁護人がOさんの証言の信頼性を揺るがすような指摘を始めました。まず調書。法廷での証言内容と、事件当日の警察調書&検察調書の内容が微妙に食い違っていると。確かに、時系列が前後していたり、細かい点に矛盾がありました。

「その時は動揺していたし、初めて警察や検察に呼ばれて緊張していた」と釈明するOさん。その声は震え、目には涙が浮かんできたようです。

さらに、「W氏と一緒にマンションの廊下でタバコを吸ったことはありませんか？」と問われ、一度は「吸ったことはありません」と否定したものの、突っ込まれるとすぐに「実は吸ったことがあります」と白状してシクシクと泣き始めました。なんでも、1日2本ほど喫煙する習慣があるが、周囲には秘密にしているため法廷でも「吸っていない」と言ってしまったとのこと。弁護人はOさんが信頼できない人物だと言いたかったようだけど、わたしは逆に信頼できると思いました。タバコを吸うことを隠したいから嘘をついてしまったといって、罪悪感で泣いてしまうような人ですよ。めちゃくちゃ小市民じゃないですか。

検察官は「タバコを吸わないといってしまったのは、女性としての恥じらいからですよね」と前時代的フォローをしてましたが、確かに、トイレにセメントを流し込むSさんに比べて、喫煙を恥ずかしがるOさんのほうがなんぼか常識的な人物に違いありません。

また、今回のOさんの証言で、弁護人から大家さんに示談を申し入れていたことも明らかになりました。Sさんがドアを壊していないなら、示談する必要はありません。なのに、なぜ。弁護人の苦しい立場が垣間見えましたが、それはやっちゃイカンだろ。

重要点はここ

ここで一度、裁判の争点を確認しておきたいと思います。

今回問題となっているのは、「Sさんがドアを壊したか否か」です。

本人が否認しているので、検察官はさまざまな証拠をもってSさんが壊したという事実を証明しなければなりません。被害者はマンションのオーナーである大家のお婆さんであり、W氏や大家の娘は事件の目撃者。そして、目撃者の「Sさんが足で蹴破った」という証言が、今回最も必要とされている証拠となります。

その証言が裁判所にとって信頼に足るものであるかどうか、果たして証人は本当のことを言っているのか。オモシロ要素が多々あるために見失いがちですが、この一点だけが重要なのだということを忘れてはいけないのです。

再逮捕されていた!

1カ月以上の間が空いて、次の公判が開かれました。さてさて、今日のSさんのご機嫌はどうかな……と楽しみに登場を待っていたわたし。しかしいつものようにハンカチを握りしめて被告人席に座っているはずの彼女の姿が見えません。どうしちゃったんだろ、もうすぐ開廷なのにと思った次の瞬間、わたしはアッと声を上げそうになりました。奥の扉から入廷してきたのは、腰縄&手錠を装着され、刑務官2人に伴われたSさんでした。つまり、彼女はこの日までに再び逮捕・勾留されていたのです!

Sさんの今日のファッションは、ピンク地のキティーちゃんのトレーナーに白いジャージズボン、水色の便所サンダル。そして、拘置されているためノーメイク。これは致命的です。今までどんなに彼女のメイクテクに騙されていたかを思い知りました。衰えきった肌、ショボショボの目。いつもは女優オーラを前面に押し出してくるSさんも、さすがにスッピンでは自信を失っているのか、控えめに俯くばかり。

Kill you!

結論から言うと、Sさんは「被害者（大家さん）と接触してはならない」という約束を破ったため、保釈が取り消しになってしまったのでした。一体、何をしでかしたのか。

この1週間ほど前の深夜、Sさんは自転車で事件現場のマンションに乗り付け、件のドアを蹴り飛ばして変形させた上、郵便受けを破壊しました。騒ぎを聞きつけた大家のおばあさんが外に出てみると、街灯の下に佇むSさんの姿が。怯える大家さんに向かってSさんは「Kill you!」と叫ぶと、自転車を全力で漕いで突っ込んできたというのです。すんでのところでかわして自室に逃げ、１１０番通報。警察が到着するまでの10分間、Sさんは「ヒャヒャヒャヒャ」と奇声をあげながら自転車でマンション前を往復していたといいます。

なんといっても「Kill you!」ですから、強い殺意を持って自転車でひき殺そうとしていたことが窺えます。証言台に立った大家さんいわく、その時のSさんは「猫が怒ったときにするような、目を見開いて、口を大きく開けて歯をむき出しにする表情」だったとのこと。大家さんの恐怖は想像に難くありません。わたしには、ドア破壊よりもよっぽど悪質な事件に思えました。

保釈が取り消しになり反省しているかと思いきや、Sさんはこんな態度です。

検察官「接触してはいけないと言われていたのに、何をしに行ったんですか」

Sさん「マンションからコンビニまでの所要時間を計りに行ったんです。夜中なら会わないかな〜と思って」

検察官「郵便受けを壊しませんでしたか?」

Sさん「いいえ〜。なんでだろー、ちょっと不思議」

検察官「道路で大家さんに会いませんでしたか」

Sさん「山の中にキノコを獲りに行ったらヒグマに遭った気分」

検察官「『Kill you!』と叫んで、大家さんに追突しようとしませんでしたか」

Sさん「（小首を傾げて）ちょっと不思議すぎて困っちゃう〜。わたし、幼稚っぽいけど、そこまで幼稚じゃないですよ〜」

激昂すると何をしでかすかわからない性格、そしてシレ

ッと嘘をついて言い逃れをしようとする姿を見ていたら、わたしは、最初のドア破壊事件に関してもSさんの仕業に

蹴り壊した穴

その日、弁護人は大きな荷物を持って法廷に来ていました。隅っこに「弁11号証」と書かれたシールが貼ってあるベニヤ板。長さ1メートル×幅50センチほどの大きさで、真ん中に長さ76センチ×幅26センチの穴が開いています。例のドアに開いた穴を実物大で再現したものでした。弁護人自ら手作りしたのか、それとも東急ハンズで注文したのか。とにかくご苦労なことです。

　弁護人はこのドアの模型を証拠提出しようとしましたが、裁判官に証拠採用を却下されてしまい、またエッチラオッチラと持ち帰る羽目になっていました。

　先述したとおり、本裁判の争点は「Sさんがドアを壊したかどうか」の一点です。そしてそれを支える証拠として出てきているのは、W氏と大家の娘Oさんの「Sさんがドアを蹴破って、その穴からマンション内部に侵入してくるのを見た」という証言。その証言が間違いないかどうかを検証する要素として、「本当にSさんはその穴を通過できるのか」ということが挙げられます。もしSさんが穴を通れなければ、証言の信用性が崩れ、「ドアを壊していた」という事実が証明できなくなります。

穴vs巨大バスト

　検察側もこの点については別途検証を行なっており、実験の結果、76×26センチの穴を成人男性が通り抜けられたと主張していました。これに対し、弁護人は「被告人の胸の厚さは事件当時28センチあったので、幅26センチの穴を通り抜けることはできない」と言います。「事件当時28センチ」とわざわざ注釈をつけたのは、事件後にSさんの胸囲が10センチほど縮んだから。「今は胸が小さくなったから通れるかもしれない」というエクスキューズなのか？　それにしても半年で10センチも胸囲が減ることもあるなんて、巨乳の世界には驚かされることばかりです。

　幅26センチの穴を通り抜けられるか。わたしは自分でも試してみたくなりました。家の障子を26センチ開けて固定し、通り抜け実験をしてみると、簡単にスルッと通れました。頭さえ入れれば、あとは体をくねらせて。結構余裕で通れるという印象です。もちろんわたしは巨乳ではありませ

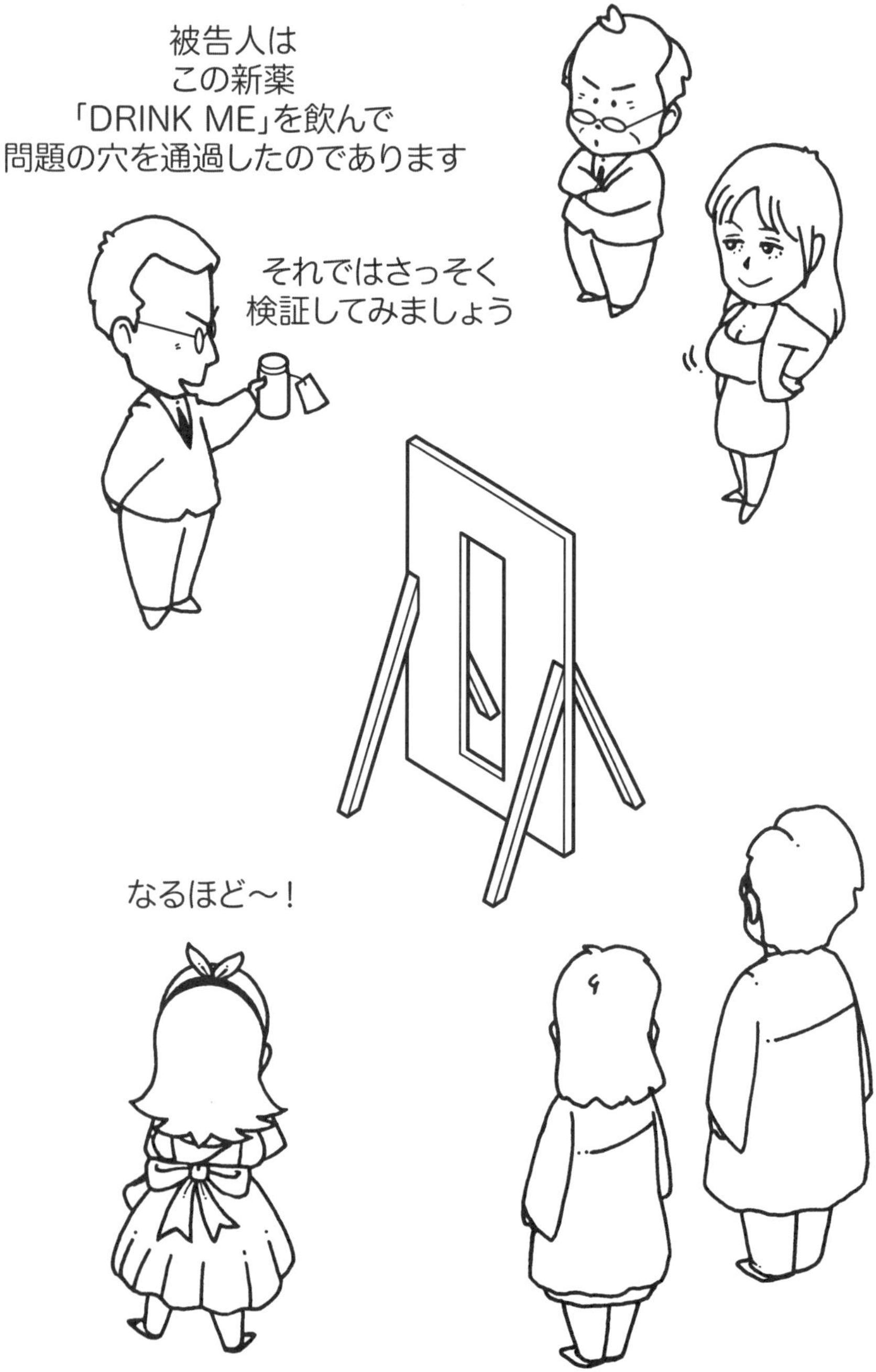
被告人は
この新薬
「DRINK ME」を飲んで
問題の穴を通過したのであります
それではさっそく
検証してみましょう
なるほど～！

ん。でも、バストって体の部位の中でも比較的自由に形を変えられる部分です。女性なら乳がん検診で体験しているとおり、グッと力を込めればペタンコにつぶしたり横に移動させたりできる。実際、拘置所に入ってからノーブラを余儀なくされていたSさんの巨大バストは、重力との戦いに負けてしまっているように見えたし。起立した状態で胸の幅が28センチあったとしても、それを根拠にして「26センチの穴を通れない」と結論付けるのは無理があるように思いました。

万が一、彼女のIカップバストが作り物で、中に何か詰め物が入っていた場合は、容易につぶしたりはできないでしょうから、26センチを通れなかったかもしれませんが……。

結審

そしてとうとう裁判が結審する日がやってきました。早速、なべやかん検事から論告求刑の発表があります。おぉ、手にした原稿が厚い束になっている。本気モード全開です。おおまかにまとめると、要旨は以下の通り。

1. 目撃者（大家さんの娘Oさん）は利害関係のない中立の立場で、被告を陥れる目的がなく、その証言には信用性がある。
2. W氏の証言はOさんの証言と大筋で合致している。
3. 検察官の取調べで犯行を認める調書にサインして、被害者と示談しているのに、保釈された後に供述を翻して犯行を否認するのは不自然かつ不合理。

被害者の大家さんは実刑を強く希望している。公判時には終始薄ら笑いを浮かべて、およそ刑事裁判の被告人とは思えぬ無礼でぞんざいな態度。これは刑事裁判に対する挑戦という他なく、反省する機会を与えずに社会に戻せば同様の犯罪を繰り返す恐れが甚大である。刑務所で徹底的に人格矯正しなければならない。よって求刑は…… 懲役1年6月！

弁護人の弁論

観客席、もとい、傍聴席がため息に包まれます。実質被害額2万5千円（裁判の間に評価額が激減したのです）の器物損壊事件で、こんな重い求刑が出るとは思いませんでした。検察官が迷いのない口調で読み終わると、攻守交替。弁護人の弁論が始まりました。

被告は無罪！　その理由は以下の通り。

1．W氏とOさんの供述は不自然に変遷しているうえ、ふたりには虚偽供述する動機がある（W氏は自分が犯人だと指摘されている、Oさんは普段からSさんに反感を抱いていた）。

2．26センチ×76センチの穴を、胸囲が著しく大きい被告人がすばやく通り抜けるのは、「ずぇ～ったいに」不可能。

よって、証人の証言が合理的でない以上は、疑わしきは罰せずの大原則に則り、被告人を無罪とすべきである。被告人は現在俳優活動を中断せざるを得ない状態に置かれており、至急釈放していただきたい。

これまで傍目にも苦しげに戦ってきた弁護人ですが、この日の弁論は一転して超強気、ちょっと（いや、かなり……）無理やり感漂う論理ではありますが、一瞬無罪もアリかな？と思わせる迫力でした。

「疑わしきは罰せず」といわれると、確かに限りなく黒に近いグレーだし。でも「Kill you!」をやっちゃってる以上、わたしの心証としては限りなく黒でした。これは難しい！　どうする裁判長!?

泣きの演技

ふたりのエリートたちが火花を散らして舌戦を繰り広げている間、Sさんのほうも大熱演でした。検察官の朗読時には、目を剥いたり口パクで「違うよ」と言ってみたり、クビを小刻みに横に振ってみたり、とにかく対抗心を剥き出しにした邪悪な態度。逆に弁護人の朗読の際にはコクンコクンと頷いたり、自信満々にニヤついたり、鼻を真っ赤にして泣き出したりと、か弱い女の子モード。見るからに情緒不安定です。

そんなSさんが、最後に手記朗読という形で意見陳述を行ないました。もちろん、涙を流しながらの震える声で。

わたしはドアを壊していません。暗い部屋の中でいきなり襲われて、お肉をおさえるための下着、ガードルを太ももの間にズリ下ろされたら、動きは制限されます。その状態で足を上げてドアを壊すことは出来ません。そんなことができるのは、製作費の足りないＴＶか映画のフィクションだと思います。わたしは仕事柄、再起不能な打撃を受けました。この矛盾だらけの怪奇的ストーリーで前科を付けられたら、生涯何の希望もありません！

一世一代の泣きの演技。Ｓさんは見事にやり遂げました。しかしあまり上手な役者さんではないので、過剰な演出がかなり鼻に付いてしまい……。こりゃ、ベテラン裁判長には逆効果だったかもよ、Ｓさん？

さぁ丁か半か。白か黒か。１年６月の懲役実刑か、執行猶予か、それともスーパーどんでん返しで無罪が出るか!!判決言渡しは９日後と決まりました。

拘置所訪問

ここまで一度も欠席することなくこの器物損壊事件の裁判を追ってきたわたしに、実は思わぬ出会いが訪れていました。ある時、法廷の前で２人の男性に声を掛けられたのです。ひとりは自由業風の男、もうひとりはサラリーマン風の男でした。

せっかくなので記念撮影。現在、東京拘置所は建て替えられて、すっかりキレイです

「この裁判、最初から傍聴してます？　話を聞かせてもらえないかな」。あ、ハイ、と答えると、ふたりは名刺を差し出してきたのです。その人は、有名週刊誌の遊軍記者で、連れのサラリーマン風の人は有名傍聴マニアでした。

　記者さんたちは取材のため、判決が出る前に拘置所のＳさんを訪ねるつもりだと言いました。

「面会は一度に３人まで可能だから、もしよかったら一緒に行く？」と誘われ、即座に「行きます！」と答えてしまいました。普通の神経の持ち主なら遠慮するかもしれませんが。この件に関しては、どうやらわたしは一線を越えてしまったようです。

　この当時、小菅の東京拘置所は建て替え工事中。古いコンクリの壁が延々続いた一番奥に、面会者入口がありました。駐車場には、黒塗りのスモークガラスの高級車がズラリ。しかも、ナンバーは８０００とか１１１１などのキリのいい数字。これは収容されている被疑者や被告人に面会に来ている人のおクルマだそうです。カタギの者としては、正直、これだけでかなり怖かったです。

差し入れ

わたしはＳさんに差し入れを用意していきました。彼女の好みは完全に把握していたので、ピンクのキティちゃんのタオルハンカチを。

　受付で面会の申し込みをし、次に差し入れの手続きをして品物を係員に渡します。文字やメッセージが記載されているものは差し入れ禁止なんだそうです。そのため一時は「HELLO KITTY」のロゴが問題となりましたが、検討の結果なんとかＯＫとなりました。

　そんなこんなでしばらく待っていると、申込みの結果が告げられました。Ｓさんは体調不良のため、その日は面会できないとのこと。残念だったけれど、諦めるしかありません。わたしは拘置所の雰囲気にかなりビビっていたので、早く帰りたいという気持ちでした。

判決公判

こうしてやや消化不良のまま迎えた判決公判。何席か空席のある傍聴席には我々のほかにマニア数名。Sさんの家族や友人などの姿は見られません。そろそろ時間だというのに、検察官席・弁護士席・被告席は空っぽ。時計の秒針だけが軽快に動いている中、シーンと静まり返った傍聴席。廷吏さんと書記官も当然無言。ドキドキ……。

法廷全体に期待と緊張が満ちた頃合いを見計らったように、なべやかん検事が風呂敷包みを持って入廷。続いて髪をなびかせた弁護人も飛び込んできて、腰縄・手錠姿のSさんもスタンバイ。今日の服装はピンクのスエットズボンに白いウィンブレ、ピンクのTシャツが透けているところもいつも通り。そしてなんと、わたしが差し入れたキティちゃんのタオルハンカチを口に当ててるじゃありませんか！　気に入ってくれたようでなによりです。

さぁ、役者は揃った。あとは裁判長様のお言葉を待つだけです。

判決は

満を持して、裁判長の入廷。席につくや、判決の言い渡しです。

「主文。被告人を懲役1年2月に処する。この刑の言い渡しから3年間、刑の執行を猶予する。なお、証人Oに使用した費用は被告人の負担とする」

懲役刑で、執行猶予3年！　Sさんは身じろぎもせずに裁判長の言葉を聞いています。わたしたちからは背中しか見えないので、どんな表情をしていたかまではわからないけれど、とりあえず有罪判決を聞いても暴れ出しはしませんでした。ちなみに「証人Oに使用した……」という部分は、証人尋問に来てもらった時に裁判所がOさんに払った日当（7000円くらい）を支払えってことで、異例のことらしいです。

この後、裁判長が判決の理由を説明しました。要旨は以下の通りです。

・Sさんがドアを壊したことは、証拠書類により明らか。
・W氏の証言は具体的で真摯。証言時に「別れたくない」と言っていたことからもわかるように、被告人とは親しい間柄であり、嘘の証言をして陥れる意図はない。
・W氏の証言に変遷があることは認められるが、Sさんがドアを壊して、その穴を頭から通ってきたという主要部分は終始一貫していた。
・Oさん（大家さんの娘）証言についても、具体的で自然。被告人を陥れる目的がない。Sさんの行動について多少の証言の変遷はあるものの、緊張と動揺から記憶が整理できなかったという供述は信用できる。
・Sさん本人が一旦検察で犯行を自供した際、弁解とも取れる供述をしていることからも、自白に信用性がある。

犯行は身勝手で短絡的、粗暴で悪質。被害者の被害感情も少なくない。公判での態度を見ても反省の色はない。その一方、この事件は偶発的で損害額が高額というわけではない。被害者に慰謝料15万円を支払ったことや被告に前科前歴がないことを斟酌《しんしゃく》して、懲役1年2月執行猶予3年が相当とした。

というわけで、裁判長はSさんがドアを壊したと認定しました。きわめて妥当で常識的な判断だと思います。

が、刑が重くないか⁉ 傍聴マニアの先輩によれば、懲役1年2月とは、こそ泥や業務上過失致死（交通事故で相手方を死なせてしまった場合）と同等の量刑なのだそうです。ドアを壊しただけで、この判決。ごく日常に刑務所行きのキップが落ちているという感じ。

もちろん彼女のように大暴れするつもりはないけれど、身を引き締めて暮らさないと……と、わたしは自分に言い聞かせました。しかし、3年の間Sさんが何もせずに穏やかに暮らせるとは思えない。なんかしら事件を起こすんじゃないかと心配です。そしたら次こそ実刑。大丈夫かなぁ。重い懲役刑と長い執行猶予期間を言い渡して、抑止力を期待しているのかもしれないけど、Sさんにその裁判所の気持ちが届くかどうか。

不敵なSさん

さて、有罪判決を受けたご本人の様子はというと。執行猶予がついたので、手錠腰縄から解放されたSさんは、刑務官を追い越して早足で奥のドアまで進みました。そしておもむろに傍聴席を一瞥して、「フンッッ!!」と不敵な笑みを浮かべ、足取りも荒く消えていきました。「このままじゃ終わらないわよ！」という心の叫びが聴こえたような気がしました。

閉廷後に記者さんが弁護人に「控訴するんですか？」と

直撃すると、「本人は控訴するって言ってるけどね。まだ受任するかどうかわかりません」と苦笑い。控訴審を受任しない＝お断りするつもりなのかなぁ。ヒドい！けど、それもやむなしか。

　この半年間、弁護人、検察官、裁判官、その他この裁判にかかわる人たちは、全員Sさんに振り回されたと言っても過言ではないでしょう。

巨乳で無罪！

半年にわたったSさん劇場も、観客に一定のカタルシスを感じさせたところで幕引きかと思われました。

　ところが、です。実はドラマはまだ終わっていませんでした。判決言渡しから7カ月後、とんでもないエピローグが世間を驚かせることになります。

控訴審の結果は

Sさんはやはり控訴を申し立てており、その後、高裁では非公開でドアの穴のくぐり抜け実験などが行なわれていたようです。

　二審判決が言い渡されるという当日、例の弁護人が司法記者クラブに一斉にお知らせを流しました。「本日の判決で逆転無罪判決となる可能性が高いので、事前にご連絡させていただきます」と、ものすごく自信ありげです。このため、それまでの経緯を一切取材に来ていなかった司法記者がドッと判決公判に押し寄せることとなりました。

「主文。原判決を破棄し、被告人は無罪とする」

は？

…は？

……は？

無罪判決？　それは、ない！　と思ったけど、淡々と判決の要旨を述べ始める裁判長。簡単にまとめると、

・W氏や大家の娘・Oさんの証言には信用性に欠けるところがある。

・Sさんがドアの穴を通り抜けることができるかという検察側の立証が不足している。

・ドアの通気孔部分を、女性が素足で蹴破ることができるかが疑問。

などの部分で、Sさんがドアを壊したという事実を認めるには合理的疑いが残る、ということでした。要するに、「疑わしきは罰せず」の原則に立ち返った控訴審判決と言えそうです。

巨乳で無罪⁉

この後すぐ、東京地裁2階にある司法記者クラブで記者会見が開かれ、この様子は翌日のニュースで盛んに報道されました。

マスコミは、一様に「冤罪の被害に遭った可哀そうな巨乳アイドル」「巨乳のおかげで無罪が証明された」といった論調で彼女の喜びの表情を伝えました。

一連の報道を、わたしは非常に冷ややかな思いで見ていました。そっか、マスコミってこうなんだ。一審でどんなことがあったか、彼女の言動がどうだったかなんて伝えず、「巨乳で無罪」というキャッチフレーズをしつこく繰り返すのみ。

確かに二審判決だけを聞けば、そうなるのも当然かもしれません。けれどわたしは、テレビの中ではしゃいでいるSさんに、言い表わせないほどの違和感を感じていました。この裁判については誰よりも熱意をもって追いかけてきたわたしでも、法廷で真実が明らかになったとはどうしても思えなかったからです。

裁判の魅力に

「疑わしきは罰せず」と「無実」はイコールじゃありません。けれど、やっぱり検察側の立証が足りないなら、無罪とすべきです。

今回の事件では、穴を通り抜けられるかという点の立証に不足があり、逆転無罪となりました。検察は、Sさんと同じIカップバストの女性を連れて来て、通り抜けの実演をさせてみるべきでした。ただ、そんなメロンカップな女性はめったにいないということで、こういう結果になってしまった。わたしは、これが裁判というものなんだな、と、痛感しました。

二審無罪判決を言い渡した原田國男裁判長は、退官後に著書『逆転無罪の事実認定』（2012年　勁草書房）の中で、Ｓさんを無罪とした理由について述べています。判決文も掲載されているので、もし興味のある方は読んでみてください。

検察側はこの判決を上告せず、Ｓさんの無罪は確定となりました。Ｓさんと初めて出会ってから１年２カ月。わたしはこのおかげで裁判のイロハを知ることができ、貴重な体験をいくつもしました。ここに書けなかったオフレコのことも、たくさん見聞きしました。

とにもかくにも、気付いたらもうわたしは裁判の魅力にとり憑かれていて、どっぷりと司法の世界に浸かっていました。こんな不思議の国に案内してくれたＳさんには、もう二度と会いたくはないけれど、深く感謝しています。

Ⅱ

2

シナリオを書きたい人のための
裁判傍聴ガイド

事前の予約不要、ドラマのネタは無尽蔵、しかもタダ

わたしの考える、傍聴の心得

さて、ここまで読んで「ふーん。一回、裁判傍聴に行ってみてもいいかな」と思った方。「そのうちヒマになったら……」なんてつまんないこと言わず、平日に時間をとって、裁判所に出かけましょう。無理にとは言わないけれど、行かなきゃ損。裁判傍聴は、脚本家を目指す者にとって、もっとも手軽な取材元だからです。

事前の予約や準備は一切必要なし。持ち物はメモと筆記用具だけでＯＫ（というか、それすらなくても可）。タダでドラマのネタを掘り放題の大金脈！　こんなおトクな場所、本当は誰にも教えたくないところですが——。

日本国憲法第82条に「裁判の対審及び判決は、公開法廷でこれを行ふ。」とあります。つまり、裁判は誰でも傍聴できるような状態で行なうことが大原則。

未成年だって、外国人だって、男も女もその中間の人も、自由に裁判を傍聴することができるのです。身分を示す必要すらありません。裁判所に足を踏み入れる時にオドオドしてしまいそうになったら、憲法第82条を唱えるといいでしょう。

裁判が公開されているのは

憲法で裁判公開が定められているのには、裁判の公正さ

を保つためという重要な目的があります。もしあなたが刑事事件を起こして被告人になったとして、裁判官と検察官、弁護人しかいない密室で審理を行なわれたらどうでしょうか？　専門用語が飛び交う中、

「もしかして、自分のわからないところで不利な扱いを受けているかもしれない」

「アタマのいい人たちだけで、あうんの呼吸で重大なことが決められているかもしれない」

と不安になりませんか？　ですから、まったく事件に利害関係のない第三者＝傍聴人がいつでも裁判を傍聴できる状態にしておくことが必要なのです。

言ってみれば、傍聴人は裁判を成立させるための重要な登場人物。その意識を持てば、堂々と法廷に入っていけるはずです。

裁判の当事者にとっては確実に「人生の岐路」となる法廷も、裁判官や検察官にとっては単なる職場。誰の監視もなければダラけてしまうことだってあるでしょう。実際、傍聴席に誰もいないところにわたしが入っていくと、聞き取れないくらいの早口で起訴状を読み上げていた検察官が急にゆっくり抑揚をつけて朗読するようになったり、裁判官が居眠りから目を覚ましたりということもザラにあります。

傍聴人の役割

そういえば、こんなシーンを見たことがあります。

それは痴漢常習者の裁判でのこと。裁判官が入廷し、いざ開廷という段になって、突如ドヤドヤと社会科見学の女子高生集団が入ってきました。その瞬間、法廷内の空気がハッキリと変わったことに、わたしは気付きました。被告人はチラチラと女子高生の反応を確かめて気まずそうに俯き、裁判官は急にシャンと姿勢を正しました。検察官なんて、まるで支持者を集めて演説する政治家のように得意げな顔。

「電車内で被害者のスカートを背後からめくりあげ、下着内に指を差し入れて陰部をまさぐるという、き・わ・め・て！　卑劣な犯行！」

と、普段より詳細に被害状況を熱弁。この機会にカッコいいところを見せたいのか、全力で追及する検察官。それに対し、被告人は完全敗北の体でひたすら首を垂れるのみ。裁判官もダメ押しでこんな追い打ちを掛けます。

「あなた、被害者の女の子の気持ちを考えたことありま

す？　怖くて声が出せなくて……その日以来、混んでいる電車に乗れなくなってしまったそうですよ」

　傍聴席の女子高生たちは、当然のことながら被害者に感情移入しまくり。眉をひそめ、ものすごい眼差しで被告人を睨みつけました。ここまでくると、一種の吊し上げです。

　さすがに被告人が気の毒になりましたが、これで再犯が防げるなら言うことはありません。女子高生たちが来なかったらこの裁判はどうなっていたのでしょうか。

　そりゃあ裁判官や検察官だって人間ですから、人目が気になるのは当たり前。普段から気合いを入れてしっかり仕事をしてもらうためにも、傍聴人は大いに役割を担っていると思うのです。

人間ドラマの宝庫

　裁判では、人様のプライバシーがバンバン明かされます。被告人からすれば絶対に他人に聞かれたくないだろう前科や経歴を、検察官が大声で読み上げたりします。それを傍聴席で聴いて、メモをとったりすることに、わたしは初めのうちは後ろめたい気持ちを持っていました。野次馬根性の極みというか、ゲスいよなぁ……という自覚があったのです。

　でも今は違います。わたしは裁判傍聴で人間ドラマを学び、作品に昇華することが目的（建前上は）。裁判ですごい人間ドラマを目撃した時、「すごいなー」と感心するだけではなく、いつか創作の糧にすることができるはずです。そこが「傍聴するだけで終わり」の通常の傍聴マニアの皆さんとはちょっと違う点かもしれません。

　自分が生活している範囲では、裁判沙汰になるほどの修羅場やドロ沼劇って、めったに起こりませんよね。その「裁判沙汰」が一堂に揃っているのが裁判所。ここはひとつ「人間ドラマを勉強させてもらっている」という謙虚な気持ちで、傍聴に臨むのがいいんじゃないかなと個人的には思っています。

傍聴の決まりとマナー

２００９年の裁判員制度開始以来、裁判所にやってくる一般人の数がグッと増えたような気がしています。裁判員裁判をはじめとして、司法制度全般に関する広報活動が活発になり、誰でも気軽に傍聴できる雰囲気がすっかり確立したという印象です。イチャイチャしながら開廷表を覗き込んでいるカップルや、ツルんで傍聴に来た騒がしい大学生のグループ。夏休み期間には、自由研究のために社会科見学に来た親子連れの姿も。裁判傍聴が一部のマニアによるオタク行為だった時代は終わりました。

決まりごと

さて、誰でも自由に傍聴できるとはいえ、いくつかの決まりごとがあります。裁判所に行くからには、「決まりを守れる人」でいたいですよね。

○写真・ビデオ撮影は禁止

「せっかく傍聴に来たんだから、フェイスブックに載せる写真を1枚！」っていう気持ちもわからないではないけれど、ダメです。法廷内だけではなく、裁判所構内では一切撮影禁止です。壁のポスターを撮るだけでも警備員から注意を受けます。

ニュース映像で法廷の様子（被告人が入廷する前、裁判官らが無言で正面を睨みつけている動画）が映ることがありますね。あれは報道機関の代表が、裁判が始まる前の数分だけカメラを運び込んで公式に撮影しています。それ以外はマスコミも一切撮影できません。よく、注目の裁判の判決が出た時などに、記者が裁判所の玄関から駆け出してきて「無罪です！　無罪判決が出ました！」と実況中継することがありますが、カメラの位置は裁判所の敷地のギリギリ外にあるはずです。今度テレビでそういうシーンを見かけたら、そんなところにも注目してみてください。

○録音は禁止

裁判傍聴中にメモを取っていると、情報が多すぎて筆が追い付かないことがあります。もちろん「いまのところ、よく聞き取れなかったからもう一度言って！」なんて頼めません。最近ではボイスレコーダーを持っている人は多いし、携帯やスマホでも簡単に録音できますが、それをしてはダメです。この道のプロである司法記者も、ちゃんと手書きでメモを取っています。

その昔、日本の裁判所では傍聴人が法廷でメモを取ることすら禁止されていました。このことに疑問を持ったアメリカ人弁護士が「傍聴席でメモを取る権利」を求めて提訴。最高裁まで争って、平成元年に出た判決により、実質的にメモが解禁になったという経緯があります。

こうした先人の苦労を考えれば、録音して後でゆっくり聴こうなんてズルはせずに、自力でメモを取る気持ちになりませんか？　これも傍聴の一つのお作法ということで、頑張ってメモするようにしてください。もちろん一切メモをとらずにボーッと聴いているだけでも構いません。

○はちまき・ゼッケン・たすき・腕章、帽子の禁止

はちまきやゼッケンはともかく、普段から帽子を愛用している方は多いですよね。法廷に入る前に、帽子は脱ぎましょう。うっかりそのままでいると、書記官や廷吏が「脱帽お願いします」と注意しに飛んで来ます。

はちまきやたすきがダメな理由は、傍聴席で特定の主義主張を訴えてはいけないということです。「無罪！」とか「被告人に死刑を！」とか、スローガンを掲げるのももちろんＮＧ。

○発言・拍手の禁止

証人の発言に感動したり、検察官の意見に賛同したくなることがあっても、お芝居ではないので決して拍手してはいけません。もちろん「そうだそうだ！」とか「何言ってんだ！」などのヤジを飛ばすなどもっての外。「エーッ」とか「うーむ」とかいう感嘆符を漏らしたり、仲間と小声でお喋りをするのもイエローカードです。とにかく、傍聴人はただ静かに耳を傾けることが求められています。

○傍聴以外の行為の禁止

例えば、裁判に関係のない本を読むとか、居眠りをするとか、飲食をするのも当然禁止です。カバンからペットボトルを取り出してひと口……もダメ。グーグーいびきをかいて寝ている人を、廷吏が揺り起こしに来ることも。場合によっては退廷を命じられることすらあります。携帯を使ったり、パソコンをカチャカチャ打つのも、裁判進行の妨げになるのでやってはいけないことです。携帯の着信音は

傍聴についての注意
一　服装を整えることぱちまき、たすきなどは着用しないこと。
二　大きな荷物、危険物その他法廷内で所持するのが適当でない物を携帯しないこと。
三　発言や拍手をし、新聞雑誌を読み、みだりに席を離れるなど法廷傍聴にふさわしくない行為をしないこと。
四　裁判長の許可を受けないで撮影や録音をしないこと。
五　裁判長の命令や裁判長の命を受けた裁判所職員の指示に従うこと。
以上に違反したときは、退廷を命ぜられ又は処罰されることがあります
パチパチ
どやどや

オフにしておくことを忘れずに。

○立ち見

裁判は立ち見することができません。傍聴席に着席できた人だけが傍聴できる決まりです。席が全部埋まってしまうと、係員がドアの外に「満席」の札を掛けることもあります。開廷中に入室したい場合は、ドアの上部にある小窓から中を覗いてみて、空席があるかどうか確認しましょう。

法廷内でのすべてのことは、その裁判を担当している裁判官の裁量に委ねられています。裁判官が不適当な服装・行為だと判断したら、他の法廷ではＯＫだったとしてもダメなのです。抵抗せずに素直に指示に従うようにしましょう。

その他に、個人的にやめておいたほうがいいと思う行為は以下の通りです。

○ふさわしくない衣服を着ること

ちょっと動いただけでシャカシャカと音が出てしまうジャンパーとか、コツコツと踵が鳴るハイヒールとか、カバンにつけたキーホルダーの鈴とか、静かな環境に向かない洋服やアクセサリーはやめておいたほうがいいと思います。自分が恥ずかしい思いをするからです。

また、うっかりしがちなのが、洋服にプリントされたメッセージロゴ。殺人の裁判を傍聴する際、背中に「ＤＥＡＤ　ＯＲ　ＡＬＩＶＥ」って書いてあるＴシャツを着ていたらどうでしょう？　もしかしたら、あなたの後ろに被害者の遺族がいるかもしれませんよ。着なれた洋服にも、裁判所に来るときは少し注意を払ったほうが良さそうです。

女性は特に、夏場の露出にも気をつけましょう。あまりに過激な服装をしていると、長期勾留されている男性被告人には目の毒になってしまいそう。実際、わたしも上から下まで舐めるように品定めされて気分を害したことがあります。

以前、年配の男性が甚平を着ているのを見たことがありますが、これもどうなんでしょうか。裁判所はスーパー銭湯ではありません。

傍聴人は基本的には何を着ていても大丈夫ですが、大人として配慮を忘れずにいたいものです。

余談ですが、被告人の着ているものが気になることもあります。拘置所に勾留されている場合、ジャージやトレーナーなどのラフな服装で法廷に来ることが多いのは仕方ないと思いますが、窃盗常習犯の胸元に「elite（エリート）」のロゴを見つけた時は「ホントかよ!?」とひっくり返りそうになりました。

また、証人として出廷した被告人の家族のカバンから、テレビ番組「行列の出来る法律相談所」の携帯ストラップがハミ出していたのも、無意識だったとしてもシニカルすぎるなぁと思いましたね。

○廊下やエレベーターで大声で裁判の感想を述べること

法廷を出た途端、「あの被告人、全然反省してなくない？」「そうそう、絶対またやるよね」。

友達と連れ立って傍聴していると、ついやってしまいがちなことです。でも、冷静に周囲を確認してからにしましょう。もしかしたら、傍聴席で隣に座っていたのが被害者の親族だったり、関係者だったりして、その一言にひどく傷ついてしまうかもしれません。連れと傍聴した内容を話し合いたいなら、せめてロビー階に降りてから。

○大勢で連れ立って法廷を渡り歩くこと

大学生のグループや、修学旅行生に多いパターンです。少人数で行動するのが不安なのか、10人以上の団体で法廷にやってきます。大量発生したバッタの群れが草原を食い荒らしていくがごとく、法廷を渡り歩きます。

小さい法廷だと傍聴席が20席ほどしかありませんから、団体が入るとたちまち満員に。さらに裁判途中で一斉に出ていったりすると、ガサガサして裁判の進行の妨げになることも。

別に集団で傍聴するのが悪いことだとは言わないけれど、一般の傍聴人から見ればちょっとした迷惑行為のひとつです。

傍聴の手引き

一通り心構えができたところで、早速裁判所に行ってみましょう。

わたしのホームグラウンドであり、日本で一番多く裁判が開かれている東京地方裁判所を例にご説明します。地方の裁判所でも基本的には同じですが、警備がゆるかったり、「起立、礼」のタイミングが異なるなど、各裁判所によって多少の違いがあります。

東京地裁では、23区内及び都内の島しょ部で起きた事件を管轄しています（多摩地区は立川支部となります）。

傍聴のコツ

裁判所はお役所ですので、裁判が開かれるのは月曜日から金曜日まで。土日・祝日・年末年始は完全にお休みとなります。

毎日数えきれないほどの裁判が開かれている東京地裁ですが、**傍聴に向いていない時期**というのがあります。

まずは8月。お盆の時期を中心に、裁判官や職員らが交替で夏休みを取るため、必然的に開廷数が大幅に減ります。その限られた裁判に、夏休みのレポートを書くためにやってきた学生たちが押し寄せて、傍聴席はすぐに満席に。まるで椅子取りゲームのようです。9月中旬には溜まっていた裁判が一気に開かれるので、時間に余裕がある人は少し待ってからのほうが良いでしょう。

また、4月と9月の上旬は、人事異動の時期と重なります。引き継ぎがあったりして忙しいのか、一時的に開廷数が減ります。充実した傍聴ライフを送るためには、これもちょっと覚えておくといいかもしれません。

地方や支部など規模の小さな裁判所では、せっかく傍聴に行っても空振りになってしまう可能性もありますので、季節にかかわらず事前に問い合わせをするといいかもしれません。

○建物に入る

地下鉄霞ヶ関駅A1出口を出てすぐのところに、東京地裁の正門があります。開門時間は、8時20分～17時45分（家庭裁判所側の裏口は、8時30分～17時30分）。警備員が立っていかめしく見張っているので怯みそうになりますが、

恐れずに一歩を踏み出しましょう。警備員からすれば、傍聴に来ているだけの人＝安全パイは一発で見分けがつきます。歩道で署名を求めてくる活動家も、裁判所の敷地内までは追ってきません。

この建物は、東京地方裁判所だけでなく、東京高等裁判所、東京簡易裁判所との合同庁舎です。正門にはシンプルに「裁判所」とだけ表示されています。

さて、建物入口には2つの入場口があります。ひとつは「裁判所職員・弁護士・検察庁職員入口」。もうひとつが「**一般来庁者入口**」です。一般人用のほうから入ると、空港と同じようなセキュリティチェックが待ち構えています。手荷物は係員に渡してエックス線検査に回し、人間は金属探知機のゲートをくぐります。ここでビーッ！と警報音を鳴らされて更なる身体検査を受けたくない人は、事前に携帯やキーホルダーなどの金属類は手荷物に入れておきましょう。

検査が済むと、そこは広々としたロビーです。「裁判所ナビ」「法廷ガイド」「裁判員制度について」といったパンフレットが備え付けられているので、初めての人は手に入れることをお勧めします。

午前中の裁判は概ね10時から、午後は13時半からスタートするので、わたしの場合は開廷表をチェックする時間を考えて最低その15分くらい前までには裁判所に到着するようにしています。

○開廷表を見る

東京地裁の1階ロビーには、警備員が常駐している**インフォメーションデスク**が2カ所あり、そこに開廷表が用意されています。開廷表とは、正式には「公判開廷予定表」といって、その日に開かれる裁判が一覧になっているものです。

・地裁・刑事裁判（簡裁刑事も含まれる）
・地裁・民事裁判（1部～25部／26部～50部）
・高裁・刑事裁判
・高裁・民事裁判

の種類別にファイルに綴じられています。傍聴人の閲覧が集中するのは「地裁・刑事」のファイルで、他の人が見ている場合はその背後に並んで順番待ちをするのが暗黙の習わしです。

なお、同建物11階にある**訟廷管理室**に行って「開廷表を見せてください！」と言うと、**1週間分の開廷表**をまとめて見ることができます。毎週水曜日の午後に1週間分更新されますので、あらかじめ予定を立てたい方はこれを見ると良いでしょう。

慣れないうちは、**地裁の刑事裁判を傍聴することをオススメ**します。民事裁判や高裁の裁判（控訴審）は書類のやりとりだけで終わってしまうことも多く、「ザ・裁判」というべき刑事裁判の第一審がもっとも流れを把握しやすいからです。

ちなみに、「公判」とは刑事裁判のみを指す言葉で、民事裁判の訴訟手続のことは「口頭弁論」と呼びます。

（初級コース）地裁の刑事裁判を傍聴する

ここから先は、地裁の刑事裁判に沿ってご案内します。まずは開廷表を見て、自分が見たい裁判の法廷番号と開廷時間を書きとめましょう。開廷表を見ずに「適当に回ってみよう」というのは、法廷数が3ケタを超える東京地裁では、地図も携帯も持たずに知らない町に出かけるようなものです。

開廷表を見ながら、効率よく傍聴できるようにスケジュールを立てます。目当ての裁判が「追起訴」などで予定より早く終わってしまう場合もあるので、第2候補、第3候補くらいまで考えておくと安心。わたしの場合、午前中に2件、午後に2件くらいをハシゴすることが多いです。あとはあなたの集中力次第。もちろん、どれだけ聴いてもいいし、いつ帰っても自由です。

刑事裁判の開廷表には「どの法廷で開かれるか」「担当部」「裁判官名」「開始時間~終了予定時間」「被告人名」「罪名」「新件／審理／判決」などがリストになっています。

初心者は「新件」と書かれている裁判を選ぶと良いでしょう。新件とは、初公判を意味します。初公判では、冒頭で事件の概要が説明されるので、誰でも理解しやすいからです。

傍聴券

事件名の欄に「裁判員裁判」と書いてあるものは裁判員裁判ですし、「傍聴券」という印がついているものは所定の手続きを踏んで傍聴券を取らなければ入室できません。

裁判＝傍聴券必須！と思っている方もいるかもしれませんが、ほとんどの裁判は傍聴券なしで入場できます。傍聴

券が交付される裁判はゼロという日も珍しくありません。「傍聴券を求める人の列が日比谷公園まで続いています！」とか「倍率○○倍！」というニュース映像のようなことは、ごくごく限られた注目裁判の時にしか見られませんのでご安心を。

開廷表の近くに傍聴券交付情報の掲示板がありますので、該当する裁判を傍聴したい場合は掲示されている方法に従って受け取るようにしてください。

交付方法は「先着順」「パソコン抽選」など数種類あり、希望者は裁判所建物の外にある1から4番の指定場所に並びます。先着順なら定員になり次第、係員が「これで締め切りです」と教えてくれますし、抽選の場合はまず抽選券をもらって、締め切り時間後に当選番号が発表されるという形です。

傍聴券の取り方がわからない場合は、インフォメーションデスクのの警備員さんに尋ねるのが一番確実。また、裁判所のホームページでも交付情報が掲載されていますが、当事者名や事件の内容までは伏せられているので、あらかじめ開廷日時や事件番号などがわかっている場合は参考になるでしょう。

地裁・刑事の開廷表例

法廷番号

第412号法廷（4階）開廷表
平成25年8月26日

初公判

開始時刻 終了時刻	事件番号 事件名	被告人	審理予定	担当部係	裁判官(長)	書記官
午前9時50分 ～ 午前10時10分	平成25年特(わ)第880号 覚せい剤取締法違反	○川×夫	判決	刑事第4部C係	山田太郎	鈴木花子
午前10時30分 ～ 午前11時30分	平成25年合(わ)第57号 強盗致傷	△山○介	新件	刑事第4部C係	山田太郎	鈴木花子
午後1時30分 ～ 午後5時00分	平成25年合(わ)第65号 殺人 （裁判員裁判）	×田△美	審理	刑事第4部C		

傍聴券交付情報例（民事事件）

平成25年8月30日（金）

交付場所	2番
開廷時間	午後1時40分
事件名等	平成25年（ワ）第○○号 損害賠償請求事件
当事者	原告　○○田○○男 被告　○川　○○美
備考	集合締切時間　午後1時20分 傍聴券の枚数　98枚 （先着順で交付） 法廷　103号法廷

法廷に行く

マンションの部屋番号と同じく、法廷番号の頭の数字が階数を表わしています。419号法廷なら4階です。1フロアに30くらい法廷があるので、はじめは迷うかもしれませんが、駅と同じようにちゃんと表示もあるので落ち着いて探しましょう。

なお、開廷時間直前のエレベーターは大変込み合うので、少し時間の余裕を持って移動するのがコツです。遅刻して初公判の冒頭部分を聞き逃すと、事件の概要がわかりません。

目当ての法廷を見つけたら、入口に掲示されている開廷リストの内容を確認。「開廷中」のランプがついていれば入室可能です。携帯の電源を切ってあることを確認し、帽子をとることを忘れずに。裁判の途中でも、入退場可能です。ただし、物音が裁判の進行の妨げにならないよう、かさばるコートを着ている場合は廊下で脱いでから入室するなど、オトナの配慮をしましょう。

法廷の前に行列が出来ている場合もあります。傍聴が込み合う時期などは、少し早めに到着しないと満席になってしまうことも。裁判所が傍聴券は不要と判断した裁判でも、その見込みが甘くて、ドッと人が押しかけることがあるのです。そういう時は法廷前に先着順です。

傍聴席は自由席ですが、最前列左右の端の席は、その日に証人として呼び出された人がスタンバイするための座席です。もし後から証人が来たら席を譲らなければならないので、なるべく空けておきましょう。また、出入り口近くの白いカバーが掛けられている席は、司法記者用の指定席です。ここに一般傍聴者が座ることはできません。

開廷

予定時間とほぼ同時に、裁判官が入廷してきます。その瞬間、係員から「ご起立ください」の声がかかり、傍聴席を含む全員が起立、礼をします。「礼」と言われなくても流れで頭を下げましょう。礼をし終わったら、そのまま椅子に座って大丈夫です。

また、証人が出てきて「宣誓」をする際はやはり全員起立（礼はなし）することになっていますが、なぜか東京地裁の刑事裁判においては着席のままでＯＫというのが特別な慣例です。他の裁判所で傍聴する時にボーッと座ったままでいると、慌てる羽目になるかもしれません。

必要なタイミングで適切な起立・礼ができるようになれば、あなたも傍聴マニアの仲間入り。要は慣れです。

開廷すると、人定質問・起訴状朗読・罪状認否・冒頭陳述・証拠調べ……と決まった順番で進行していきます。事件の概要を知るには、この一連の冒頭部分を聞き逃さないように。被告人の年齢や事件発生日などを知りたい場合、ここがラストチャンスです。

刑事に限らず裁判全般に言えることですが、開廷から閉廷までの予定時間はかなり厳密に守られます。被告人質問や証人尋問などを申請する際にはあらかじめ所要時間を申し出る必要があり、それに沿ってスケジュールが組まれます。スケジュール管理も裁判官の役割の一つ。尋問中などに裁判官が傍聴人の頭の上あたりをチラチラ見るのは、傍聴席後ろの壁に時計が掛けられているからなのです。弁護人がノリノリで被告人質問を行なっていたりして、少しでも予定時間をオーバーしようものなら、「あと何分かかりますか」「そろそろ時間なので端的に質問してください」などと裁判官がイライラし始めるでしょう。

　傍聴した事件に強い興味を持ったら、法廷入口に貼ってある開廷表を見て、事件番号を控えておきましょう。次の開廷予定を問い合わせたり、後々裁判記録を閲覧する際に必要となるからです。

裁判を選ぶポイント

ここで、傍聴する裁判を選ぶポイントとなる罪名の特徴について、少し私見を述べます。

○わいせつ系（強姦罪・強制わいせつ罪・迷惑防止条例違反など）の裁判

　傍聴人に人気の裁判のツートップは、わいせつ系の事件と、殺人。つまり、これらの裁判は混む可能性が非常に高いです。わいせつ系は身近な事件でもあるし、面白そうって思うかもしれませんが、人間ドラマ探しという観点から言えばあまり**オススメ物件ではありません**。

　なぜかというと、被告人と被害者が元々知り合いだったというのではなく、たまたまその場に居合わせた被害者に対して直情的に犯行に及んだというケースが多いからです。感情の矢印が一方的で、類型的。人間ドラマという観点から言えば新しい発見が少ないのです。

　それに、被害者の心の傷の大きさを知れば、面白半分で傍聴に来たことを後悔するかもしれません。わたしも、悲

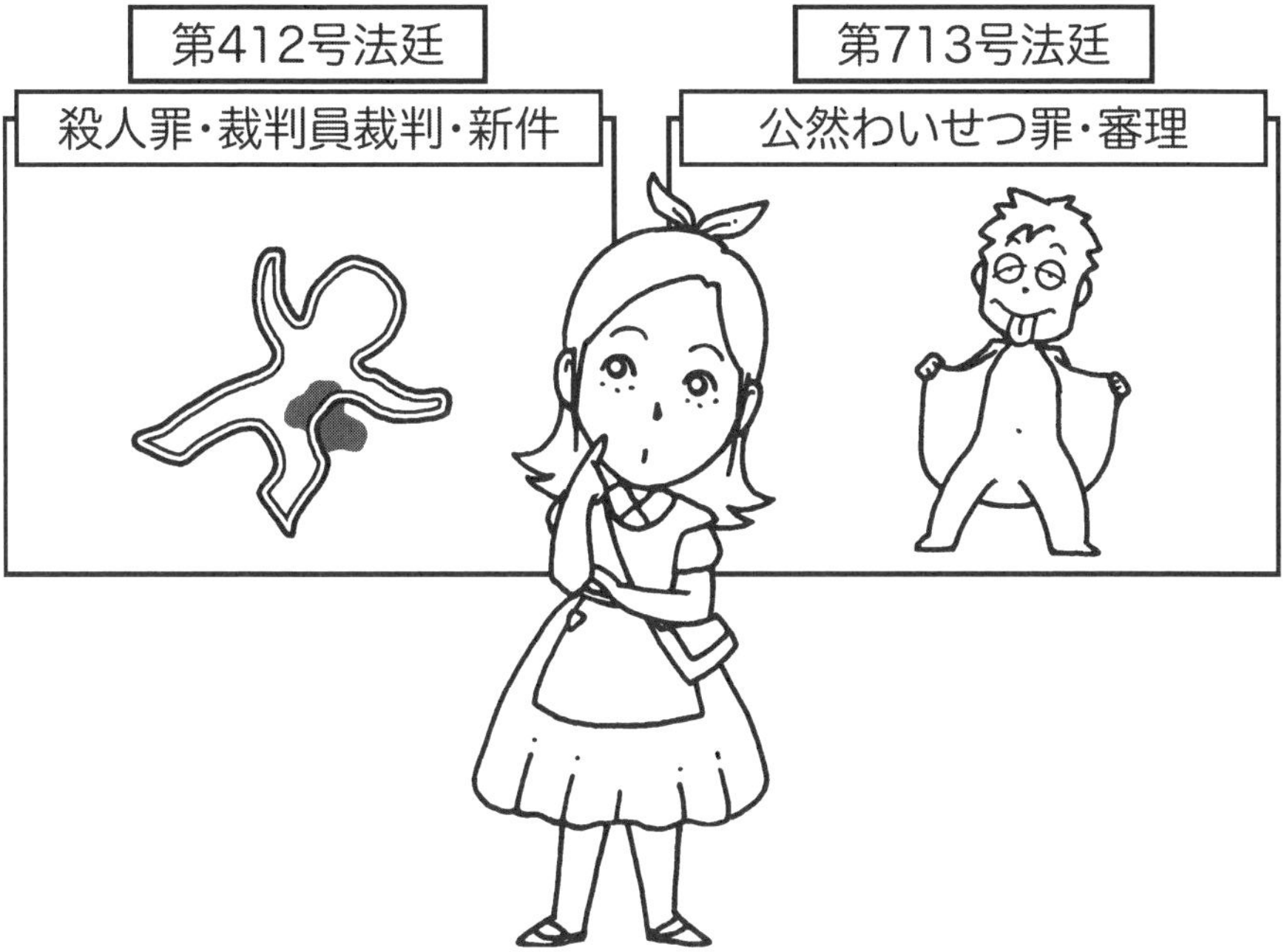

惨な被害状況を耳にして、後々までショックを引きずったことが多々あります。

○裁判員裁判

裁判員裁判は、死刑もしくは無期懲役・禁錮にあたる罪、つまり殺人罪・強盗致死罪・危険運転致死罪などの重大な事件が対象です。

これらはニュースで取り上げられることも多いので、事件そのものに関心を持ちやすいでしょう。一般人である裁判員が十分に理解できるように裁判が進められるので、傍聴人にも非常にわかりやすいです。モニターで証拠の写真が映し出されたりもするので、自分も裁判に参加している気分になります。テレビドラマの裁判にもっとも近い形なのがこれ。

ですから、**初心者にはまずは裁判員裁判を傍聴することをオススメします**。数日連続して通えるなら、裁判員裁判の初公判から判決までをすべて通して傍聴すれば、一連の裁判の流れをバッチリつかむことができます。裁判員裁判の日程は、裁判所のホームページに掲載されているので、事前に予定が立てやすいでしょう。

○交通裁判（道路交通法違反・自動車運転過失致死傷罪など）

いくら規範意識の高い人でも、車を運転していれば交通裁判の被告人になる可能性はあります。うっかり居眠り運転なんかしちゃって重大な死傷事故を起こしたらこうなる、という実際の例がこの裁判。被告人はどこにでもいそうな会社員だったり、優しそうな主婦だったりする。容易に被告人のキャラクターを想像することができます。他の罪状だと「自分は絶対そんなことしないし」と一線を引いて考えられますが、交通裁判は「もしかして自分も……」と被告人の心情を自分に引き寄せて考えることができるのです。「ちょっとした気のゆるみで、被害者の方には申し訳ないことをしました……」とうなだれる被告人の姿を見たら、「自分は絶対に安全運転しよう」と固く心に誓いたくなるに違いありません。他人事じゃない分、ナイーブな人だと傍聴するだけで**精神的にダメージを食らう恐れ**もあります。

○薬物系の裁判（覚せい剤取締法違反・大麻取締法違反など）

件数としてはかなりの割合を占める薬物系の裁判ですが、わたしはあまり傍聴しません。なぜなら、薬物犯罪で捕まる人は同様の前科を重ねている場合が多く、皆さん裁判慣れしていて、「予定調和」なことが多いからです。

大抵が「心が弱くてつい手を出してしまった」「反省しています」「今後は絶対にしません」「ダルク（薬物依存から抜け出すための支援団体）に参加して治します」という決まり文句の羅列。あまり心の葛藤が感じられないところが、人間ドラマ収集家としては、**あまり魅力的でない**のです。

○詐欺罪の裁判

最近多いのが詐欺の裁判。「振り込め詐欺」の増加によるものです。「有印私文書偽造罪」とコンボになっていれば、騙した金を振り込ませる銀行口座を開設しようとしたとか、架空名義の携帯電話を契約しようとしたとか、悪い組織の下っ端が捕まった事件が多いです。

わたしは多くの裁判の中で詐欺事件に一番強い関心があり、傍聴に行く際は必ずチェックしますが、このところほとんどの割合を占める「振り込め詐欺」には辟易としています。加害者側は、被害者に対して少しも罪悪感も抱かずに犯行に及んでおり、人間ドラマがない！　詐欺罪で起訴されているというのに、「組織の上部に言われるまま、金を受け取りに行っただけ。自分も騙されたようなものですヨ」とでも言いたげな被害者面の被告人には、正直かなりカチンときます。

ちなみに、意外かもしれませんが「無銭飲食」「食い逃げ」は詐欺罪にあたります。「飲食代金を支払う意思がないにもかかわらず、そのつもりがあると店員に誤信させてサービスの提供を受けた」という解釈になるからです。

○窃盗罪の裁判

窃盗といっても犯行態様は様々です。万引き、スリ、置き引き、自転車盗、さい銭泥棒、下着ドロ。同じ罪を繰り返している被告人が多く、「その道のプロ感」が漂っています。窃盗の裁判では意外なセリフが飛び出すことが多く、味わい深いです。

例えば、下着ドロの常習犯が得意げに「万引きは卒業しました」と言ったり（万引きより下着ドロの方が上位!?）、電車内スリのベテランが「人の財布だから、中身見て盗るわけじゃないから、その日の稼ぎは運次第」と言ったり（納得！）。犯罪行為に及ぶ人の価値観や思考回路を垣間見ることができ、勉強になります。

○企業犯罪・経済犯罪系（業務上横領罪・背信罪など）の裁判

前の章の「はじめに」で触れたマンション販売会社の裁判のように、企業や業務上の違法行為は専門性が強く、その分野に明るくない一般人が傍聴してもあまりよく理解できないです。被告人も淡々としていて、「仕事でやったことだし」という感じで、どこか当事者意識が薄いように見えます。自分が特別興味のある事件でない場合は、**あまり傍聴向きとは言えない**でしょう。

ここからはかなりマニアックな領域に入ってきますが、罪名以外の要素で裁判を選ぶという手もあります。

○担当する裁判官や検察官で選ぶ

あちこちの法廷を巡っているうちに、「この裁判官って、大岡越前を意識しちゃってる？」とか「この検察官はディベート能力高いなぁ」とか、特徴がわかってくるものです。

各裁判官が法廷に出る曜日は決まっているので（裁判所ホームページで公開されています）、その人の法廷にずっと居座って傍聴するというのもアリだと思います。というか、わたしも一時期とある裁判官のファンになって一日中同じ法廷で傍聴し続けたことがあります。

○簡易裁判所扱いの刑事裁判

わたしも含めてですが、簡裁を好んで傍聴している人はかなりマニア傾向が進んでいると言っていいかもしれません。

簡易裁判所では、比較的軽微な事件を扱います。地裁では主に1時間単位で進められる裁判も、簡裁では45分単位。気軽に立ち寄れる、アットホームな雰囲気があります。

裁判官と検察官の組み合わせはずっと同じままで、弁護人と被告人だけが入れ替わるようにして何件もの裁判が続きます。見ていると、裁判官と検察官の間に妙な連帯感があるように感じてきます。無言のうちに、それぞれの役割を演じているように思うのです。

例えば検察官が「あなたね！　反省してるって言うけど、わたしにはとても信じられないね！」と容赦なく恫喝すれば、裁判官が「捕まったことお母さんは知ってるの？　もう見捨てられちゃった？」と、みのもんたみたいな口調で被告人の心を揺さぶる。彼らの目的は被告人に再犯をさせないことですから、刑務所に行く前になんとか更生のキッカケを与えようと必死。わたしには「劇団・人生相談」に見えてしまいます。

法廷で繰り広げられる会話が地裁よりも少々くだけていて、被告人に対して親身で、実に味があるんです。**「寅さん」のような人情ドラマが好きな方**は、ぜひ簡裁の裁判にも足を運んでみてください。

○被告人が外国人

出入国関係や薬物関係の犯罪の増加に伴ってか、外国人の裁判の割合が近年増えてきています。在日歴が長く日本語ペラペラという場合は別ですが、基本的には被告人に法廷通訳がつきます。通訳が法廷内での発言すべてを翻訳するとどうなるかというと、

検察官「あなたは田中さんという人物を知っていますか」
通訳「ドゥーユーノーミスタータナカ？」
被告人「イエス」
通訳「はい知ってます」
検察官「彼とはどういう関係ですか」
通訳「ファットカインドオブリレーションイズヒー？」
被告人「フレンド」
通訳「友達です」

といった調子で、非常にもどかしい。会話のテンポが悪

いので、油断すると眠気に襲われるし、やはり集中するのは難しいのです。よって、被告人が外国人の場合は、傍聴向きとは言い難いでしょう。

（中級コース）地裁の民事裁判を傍聴する

刑事裁判の場合、どの裁判も同じテンプレートに従って進められ、傍聴人にとっても聞きやすいのですが、民事裁判は全く様相が異なります。

刑事裁判で裁かれる人を「被告人」と呼ぶのに対し、**民事裁判では当事者を「原告／被告」と呼びます**。ニュースや新聞では刑事被告人のことを「○○被告」と呼称するので、「被告＝犯罪を犯した人」という固定概念がありますが、大きな誤解なのです。民事の裁判官が「これからあなたのことを被告と呼びますが、ご了承ください」などと前置きすることがありますが、おそらく悪いイメージがあるのを踏まえての配慮だと思われます。

また、**刑事被告人を弁護する弁護士は「弁護人」、民事裁判で訴訟手続きを請け負う弁護士を「代理人」**と呼ぶのも、刑事裁判と民事裁判の違いです。傍聴席から見て左側が原告席、右側が被告席ということを覚えておくといいでしょう。

民事裁判も基本的には一般に公開されており、自由に傍聴できるのですが、代理人さえ出廷していれば当事者本人は欠席しても構わないので、大半は代理人同士が事務的に書類のやりとりをするだけ。ほんの1～2分で終わってしまうことすらあります。これでは、傍聴していても一体何が行なわれているのかわかるはずがありません。

ただし、よく選べば、白熱の法廷劇を目撃するチャンスもあります。

開廷表をよくチェック

民事裁判を傍聴しようと思って開廷表を見ると、たった一日の内にとんでもない数の口頭弁論が行なわれているのに気づきます。同じ時間に数件の裁判が入っていることもザラ。書類のやりとりだけなので、15分間に4～5件の事件をこなすことができるのです。書類を提出するだけで「法廷で陳述した」ということになるのが、民事裁判の不思議なところです。

当事者欄をよく見ていくと、会社対会社の訴訟がほとん

地裁・民事の開廷表例

705号法廷（7階）開廷表
平成25年8月26日　月曜日

開始／終了／予定	事件番号／事件名	当事者	代理人	担当
10：00 第1回弁論	平成25年(ワ)第18272号 求償金請求事件	株式会社〇〇社 △田×子		民事第33部 裁判官前沢光枝 書記官小森幸恵
13：15 弁論 (判決言渡)	平成25年(ワ)第19051号 損害賠償請求事件	株式会社ヤミキン 有限会社カシダオレ		
13：20 16：30 弁論(本人及び証人尋問)	平成25年(ワ)第19301号 損害賠償請求事件	〇本△子 ×川△男		

証人尋問アリ　被告　原告

ど。中でも金融関係が圧倒的に多いですが、これらは傍聴してもほとんど意味がありません。どんなふうに意味がないかは、一度行ってみればわかるでしょう。

傍聴するなら、当事者が個人同士の「損害賠償請求事件」、しかも、上図の左にある「予定」の欄に「本人及び証人尋問」と書いてあるものを選んでみましょう。原告と被告、または証人が証言台に立ち、それぞれの立場から言い分を述べる、いわゆる裁判らしい裁判が行なわれるはずです。個人同士の裁判沙汰で、当事者尋問の時点まで和解に至らなかったということは、例えばご近所トラブルや金銭の貸し借りなど、こじれにこじれまくった感情のもつれを見られる可能性があります。

（上級コース）家庭裁判所で離婚裁判を傍聴する

作家志望者なら絶対に見逃せないのが**離婚裁判**です。離婚や親権、相続などについての裁判は家庭裁判所の管轄で、東京都区内の場合は東京地裁の隣にある東京家庭裁判所で開かれています。

　離婚の場合、裁判に至る前に必ず「調停」という非公開の手続きがあります。調停委員を介して、ホントに離婚を回避することはできないのか、両者が納得して離婚できる道はないのかを話し合うのですが、この話し合いが決裂した場合は裁判手続に移行します。つまり、裁判で離婚を争っているケースというのは、もう話し合いでは歩み寄れないほど両者の言い分が食い違い、ドロ沼化していることを意味するのです。

　これを傍聴すると結婚生活に対する甘い幻想は打ち砕かれること請け合いですが、ぜひ一度勇気を持ってチャレンジしてみてください。

　家裁は地裁に比べてセキュリティがゆるかったのですが、平成25年10月1日をもって地裁と同様に、金属探知機・手荷物検査によるセキュリティチェックが導入されることになりました。

　家裁の受付にも、開廷表が置いてあります。ここでチェックすべきなのは、民事裁判と同様に「当事者尋問」または「証人尋問」があるかどうか。夫婦双方の言い分を聞かないことには話が見えないので、**まずは「当事者尋問」をオススメします**。

　裁判が開かれるのは主に９０１号法廷（９階）か１２０１号法廷（12階）で、開廷中は刑事裁判と同様に入出室は自由です。傍聴人は刑事裁判に比べて断然少なく、家族や友人すら来ていないケースがほとんど。ポツンと傍聴席に座っていると、当事者からすると「アイツ誰？　まさか相手方の浮気相手？」と気になるようですね。ジロジロ見られてちょっと気まずいので、わたしは傍聴席のド真ん中に座って中立の立場をアピールするようにしています。とはいえ、見知らぬ人に傍聴されることを承知の上で法廷闘争を選んだのは当事者本人なのですから、気にする必要はありません。

　離婚裁判の当事者尋問は、刑事裁判に比べて1回あたりの時間が長くとられています。原告に対する尋問（原告代

家裁の開廷表

開廷表

9階にある

期日：平成25年8月30日（金）　　東京家庭裁判所　901号法廷

開始 終了予定	事件番号 事件名	原告 被告		代理人	期日の種類 進行状況	裁判官	担当部係 書記官
10：00 10：15	平成25年(家ホ)第123号 離婚等	原告 被告	○○○夫 ○○○子	杉田　直 萩原礼子	 第1回弁論	山田太郎	家事第6部4A係 鈴木花子
					口頭弁論 弁論・当事者尋問		
					口頭弁論 弁論・証人尋問		
					口頭弁論 弁論・判決言渡		

当事者や証人が出廷する

理人から30分・被告代理人から30分）＋被告に対する尋問（被告代理人から30分・原告代理人から30分）で計2時間くらいが平均的なところでしょうか。休憩ナシで繰り広げられますから、じっくり腰を据えて傍聴する心の準備が必要です。

知っておきたい裁判の基礎知識

裁判はドラマの宝庫だ！

シナリオ・ハンティングのノウハウほかシナリオ執筆に活用するためのテクニックと得する情報

裁判ドラマはハードルが高いとおもってませんか？

テレビで見るのは好きだけど、自分で法廷ドラマを書くなんて絶対無理！……って、最初から諦めていませんか？　難しそう？　仕組みとか全然知らないし？　でも、まったくの素人が医療ものを書くより、全然ハードルは低いですよ。

開かれた司法の世界

現在進められている司法制度改革では、「国民に広く開かれた司法」を目指しています。一般人にとってその最たる変化が裁判員裁判です。

「国民にわかりやすい法律・裁判制度を整備し、司法に関する情報公開を推進します」との宣言通り、法廷では一般人にも理解しやすい言葉を使うようになりましたし、裁判所でもドラマ仕立ての裁判員裁判のＤＶＤやパンフレットなどをたくさん作って周知に努めています。

裁判員裁判を契機に、司法の世界全体が一般人の目を意識するようになりました。司法に対する市民の関心も、数年前に比べると格段に高まっています。新聞には司法制度問題の記事が毎日のように載っているし、週刊誌でも取調べの可視化や検察についての話題が頻繁に特集されたりしているでしょう。

つまり、調べやすいんです。裁判について何か知りたいことがあったら、容易に資料を手に入れられるということなんです。裁判所のロビーに置いてある薄いパンフレットを読むだけでも、基礎的な情報は十分に得られます。

もし天才外科医が画期的な手法の手術を行なって患者を救うドラマを書きたいと思ったら、どうやって手術について調べますか？　専門家に尋ねないと無理ですよね。それが、司法関係のことならば、自力である程度のことまでたどり着けるのです。

ただの口ゲンカを描くより、時間も形式にもカセのある法廷でのやり取りを描いたほうが数倍面白い人間ドラマになるはず。食わず嫌いはやめて、興味を持ってみませんか？

裁判の仕組み

ひとくちに裁判と言っても、いろいろな種類があります。裁判所で取り扱う事件は大きく4つに分類できます。

A　**刑事事件**——犯罪を犯したとして起訴された人が、本当に罪を犯したか否かを調べ、その罪に対して妥当な刑罰を国家が与えること。

B　**民事事件**——個人対個人や、個人対企業など、私人の間での権利を巡る争いごとを、裁判所が法律に照らして解決に導いたり、事実を確認すること。

C　**家事事件**——家庭や親族間での対立や争いごとを、裁判所が介入して解決に導くこと。

D　**少年事件**——犯罪を犯したり、不良行為を行なう未成年を更生に導くために処分すること。

どんなドラマになるかというと、例えばこんなイメージです。

A　刑事事件だったら――

・冤罪と戦う敏腕弁護士が、法廷闘争の末に無罪を勝ち取る話
・亡くなった被害者の無念を晴らそうと殺人犯を追い詰める検察官の話

B　民事事件だったら――

・公害訴訟で巨大企業と戦う正義の弁護士の話
・ブラック企業で働いていたために自殺した会社員の遺族が、巨額の賠償金を請求する話

C　家事事件だったら――

・離婚したい夫婦が法廷で暴露合戦を繰り広げる話
・遺産相続で大揉めに揉めている家族の話

D　少年事件だったら――

・万引き常習犯として捕まった高校生が、審判を重ねるうちに改心して更生する話
・親を殺してしまった小学生を担当し、苦悩する弁護士の話

傍聴していれば自然に区別できるようになりますし、興味を引かれる事件を集中的に傍聴していれば、必ずシナリオで描きたい裁判のイメージがつかめるようになるでしょう。

ただし、家事事件は公開される裁判の数が圧倒的に少ないですし、少年事件の審判は基本的に非公開ですので、なかなか難しいかもしれませんが。

裁判手続のおおまかな流れ
刑事裁判

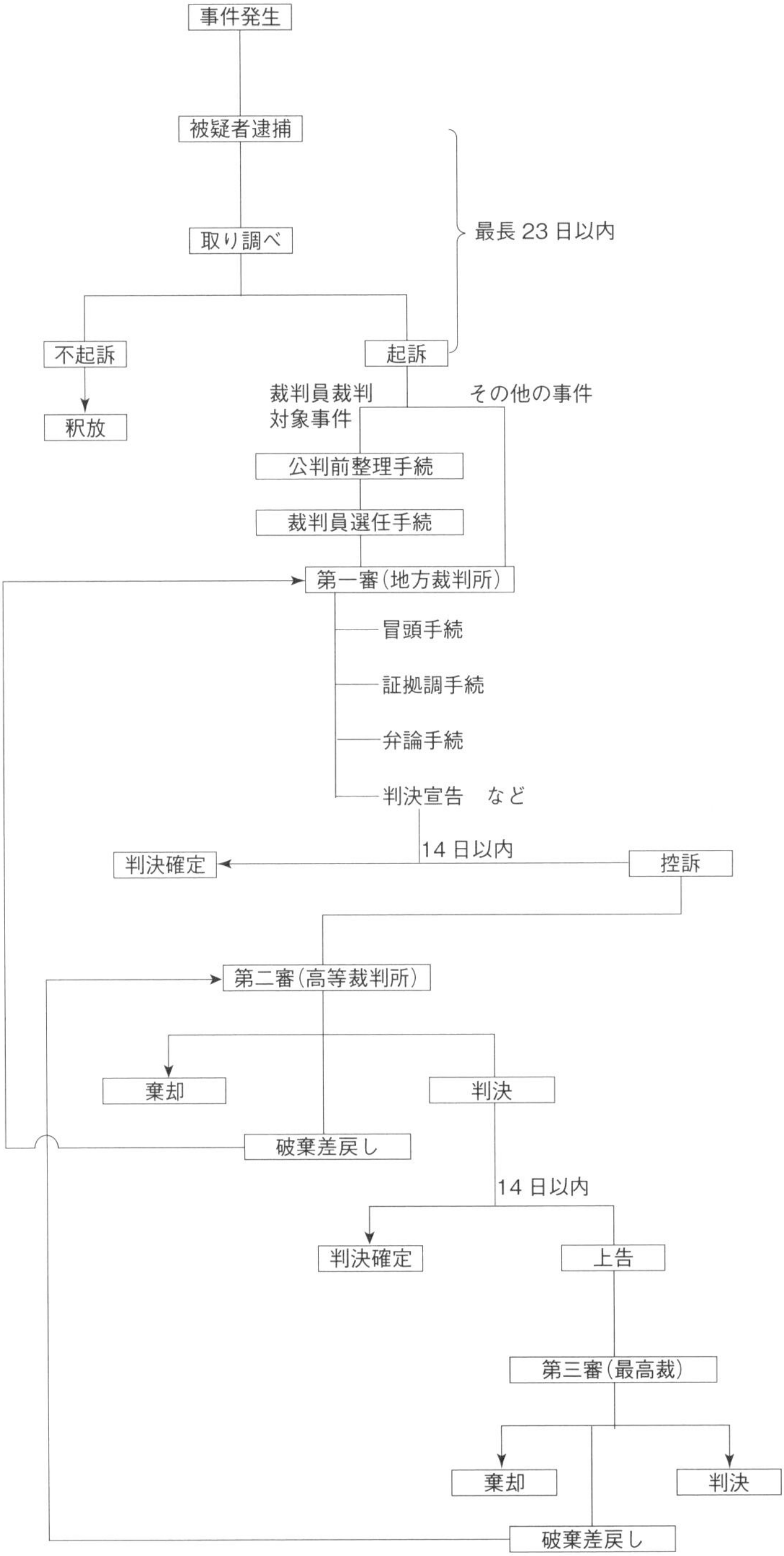

裁判手続のおおまかな流れ
民事裁判

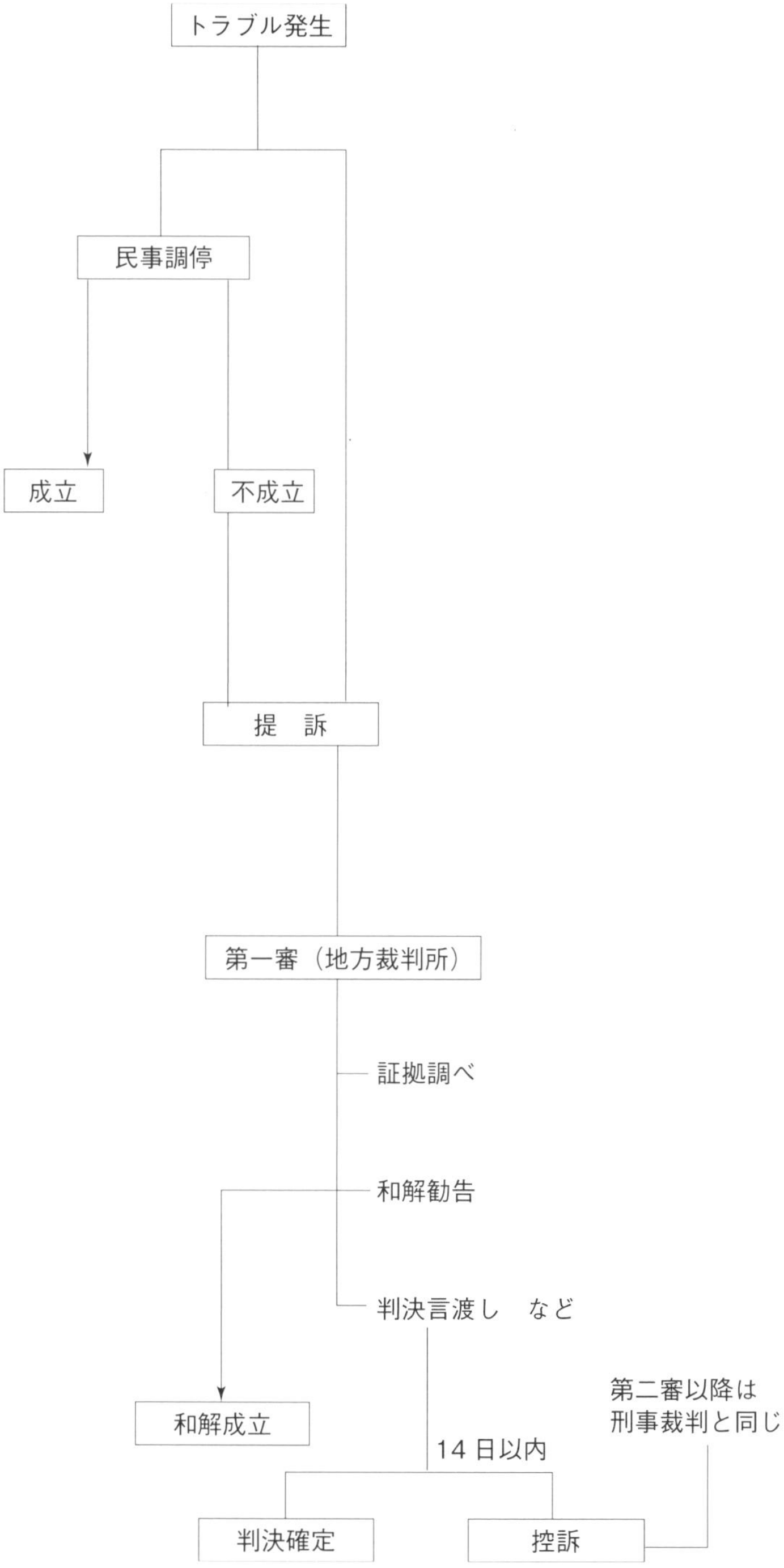

裁判の登場人物
刑事事件

○被告人

刑事事件を起こしたとして起訴され、裁判を受けている本人。

多くの場合は身柄拘束されている＝拘置所、または代用監獄である警察署の留置場に勾留されている。

被勾留者は、自殺防止のために、ひも状のもの（ベルトやパーカーの紐など）は着用禁止。逃走防止のために、踵のないサンダルを履くことなど、服装に制限がある。

ただし、裁判員裁判の場合は、被告人が希望すれば、スーツや、首回りがゴムになっているネクタイ、革靴に見えるサンダルなどが拘置所で貸与される。

保釈・在宅起訴されている場合は、手錠腰縄の拘束は受けず、弁護人と同様に決められた期日に裁判所に出廷する。服装は自由。

○検察官

被疑者の取調べを行ない、起訴するかどうか、公判請求するか略式命令処分にするかを決定する。

公判に立ち会い、起訴内容を立証したうえで求刑を行なう。

東京や大阪などの大都市では、基本的には取調べを担当する検事と、公判を担当する検事が分かれている。

地裁の裁判は地方検察庁、高裁の裁判は高等検察庁、最高裁の裁判は最高検察庁が受け持つ。

公務員で、異動・転勤が頻繁に行なわれる。

ほぼ１００％の割合でダークスーツを着用している。

○弁護人（弁護士）

刑事事件の場合、弁護費用を国が負担する国選弁護人と、被告人本人が雇う私選弁護人の２パターンがある。

やる気の有無、稼ぎの有無、弁護技術の有無は、法廷での言動を見ていれば一目瞭然。

お堅いスーツから、カジュアルなジャケットスタイルまで、その服装は幅広い。

荷物が多いため、キャスター付きのキャリーバッグを引っ張ってきている人も多い。

法廷で弁護士バッジを付けていない弁護人も珍しくない。

刑事裁判のうち裁判員裁判の場合

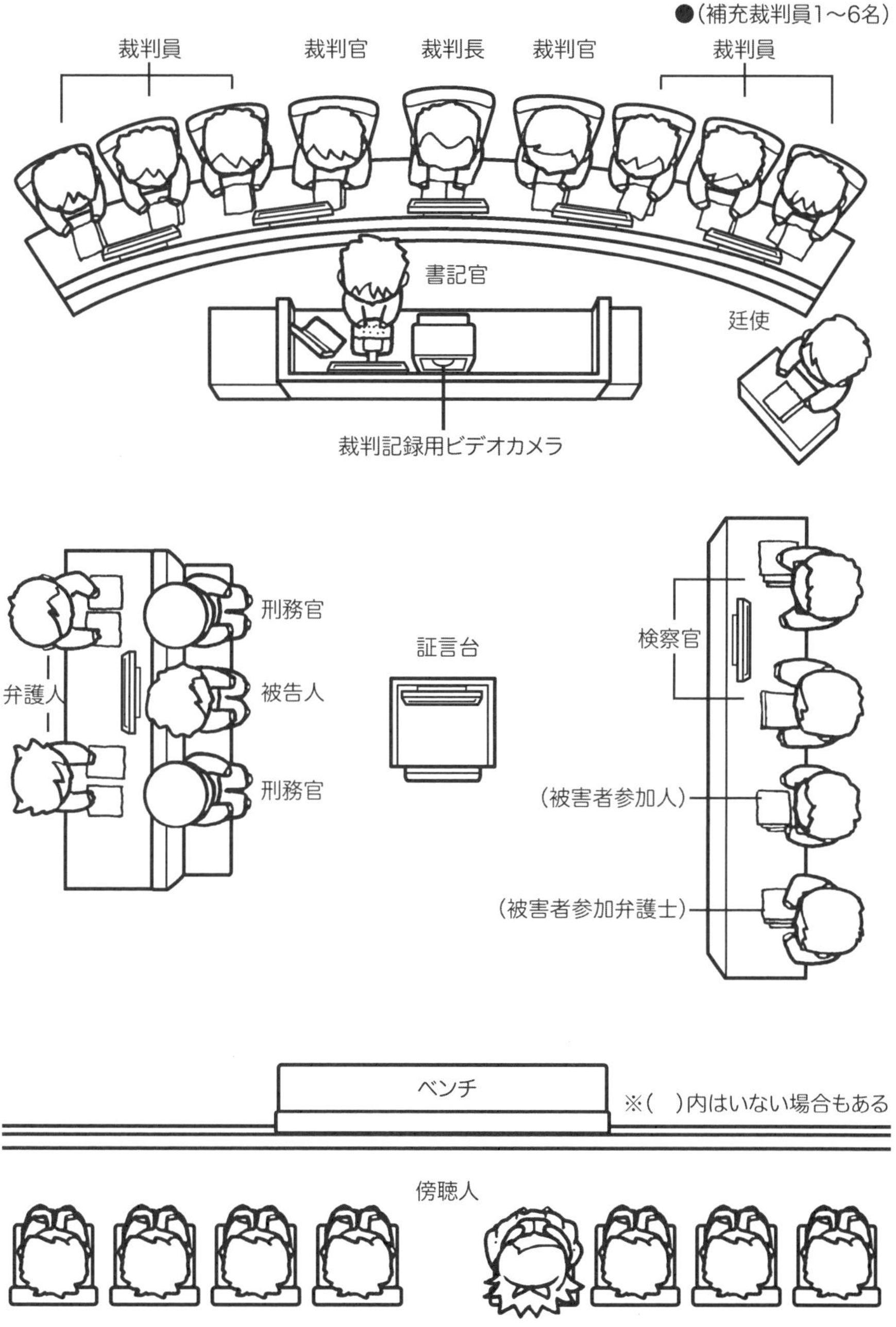

〇裁判官

事件の内容により、１人で担当する場合（単審）と、３人で担当する場合（合議）がある。

他の色に染まらない公平さを表す黒色の法服を着用している（法服を着用するのは法廷内だけ。調停や裁判員裁判の評議室などでは法服は着ていない）。

基本、法廷では無表情。

〇刑務官（被告人が警察署の留置場に勾留されている場合は警察官）

１人の被告人に対し、必ず２人が付き添う。

被告人が女性の場合、そのうち１人は女性刑務官が付くのが基本。

裁判が１時間以上になると、途中で別の刑務官と交代することもある。

夏服、冬服の制服がある。帽子のラインが多いほど、エラい階級の人。

裁判の間は、虚空を見つめていることが多い。

〇裁判所書記官

滞りなく裁判を進めるための準備を行なったり、公判調書を作成するなど、裁判所事務官の中でも一定の権限を与えられている職種。

裁判官が入廷する時に「ご起立ください」などの声掛けをする。

裁判官の良きアシスタントであり、書記官なしでは裁判を開くことができない。

法服を着用している。

法廷で何が起こっても、決して動揺を見せない。

〇裁判所事務官（廷吏）

証人に出頭カードや宣誓書を書いてもらったり、傍聴席の整理をするなど、法廷内の準備を整える。

必ずしも法廷にいないこともあるが、裁判員裁判や証人が多い裁判ではよく登場する。

法服は着用していない。

〇法廷通訳（被告人が外国人の場合）

近年増加している外国人の事件では、被告人の母国語での通訳が入る。

裁判所の職員ではなく、裁判所の面接を受けて採用された通訳者が、研修等を経て候補リストに登録される形。必要に応じて呼び出される。

ちなみに、通訳が必要な裁判で最も多いのは中国語。

通常の第一審刑事裁判の場合

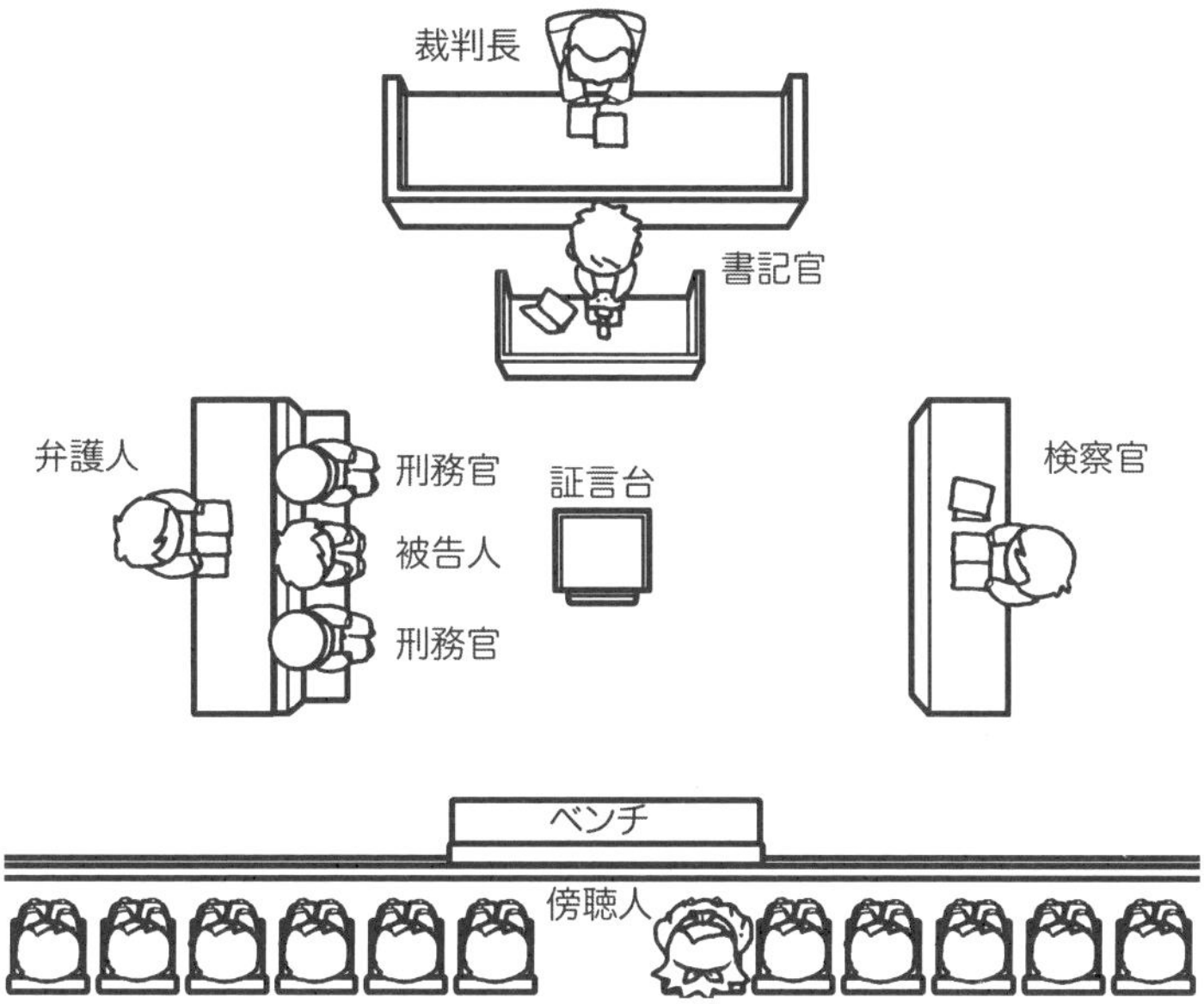

裁判の登場人物 民事事件

○原告／被告

本人尋問がある時以外は、必ずしも出廷しなくても良い。

○原告代理人／被告代理人（弁護士）

代理人がいなければ裁判が開かれないということはなく、判決言渡しの際などは特に両者とも不在のことがある。

証人尋問がない場合、「（提出した答弁書を）陳述します」の一言で終わることがほとんど。

○裁判官

以下は刑事裁判に同じ。

○裁判所書記官

○裁判所事務官（廷吏）

民事裁判・家事裁判の場合

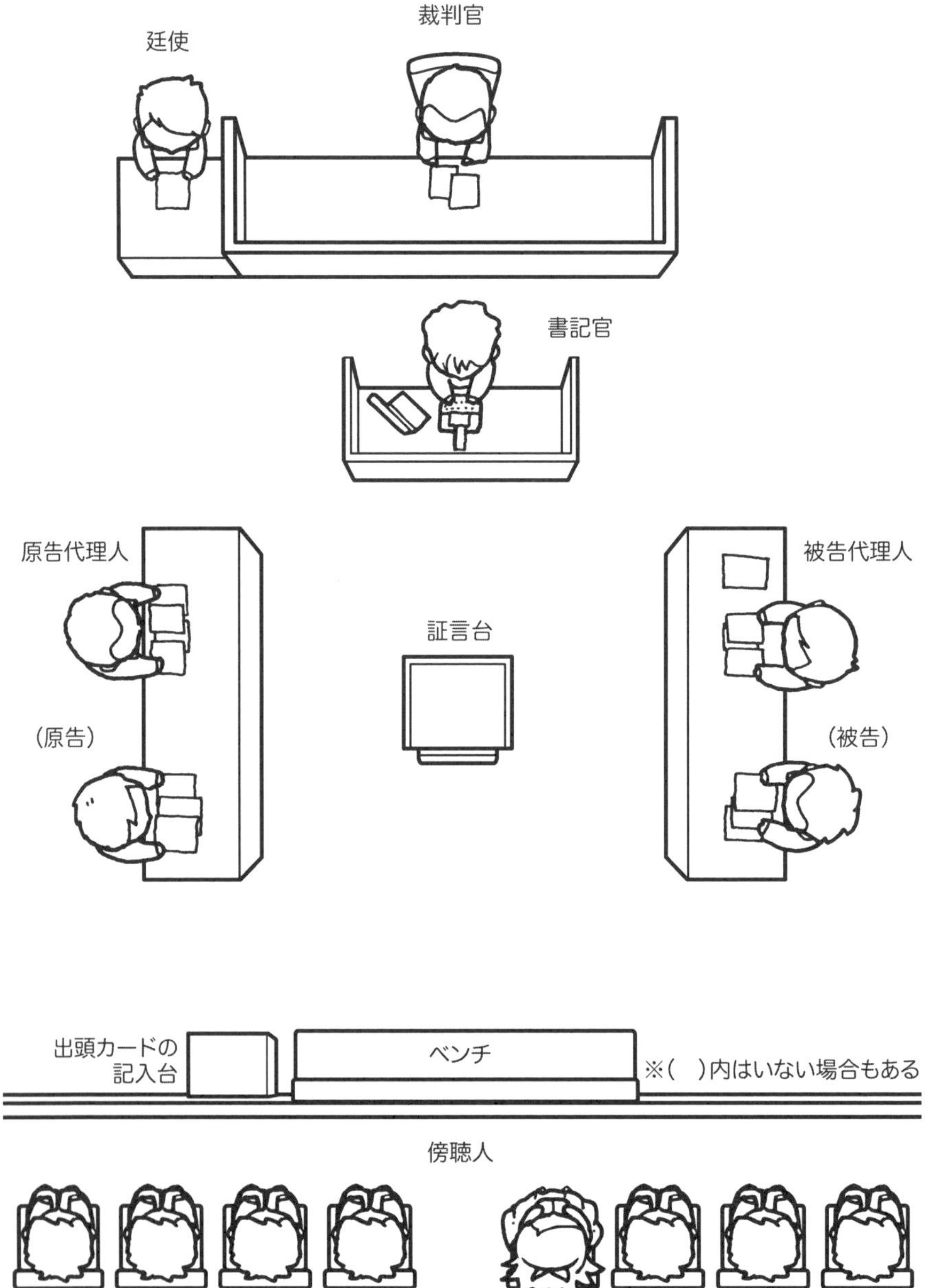

裁判の登場人物　家事事件

（家事調停）

○申立人／被申立人

○申立人代理人／被申立人代理人（弁護士）

○裁判官

○調停委員

（審判になった場合）

○原告／被告

○原告代理人／被告代理人（弁護士）

○裁判官

○家庭裁判所調査官

○裁判所書記官

○裁判所事務官（廷吏）

裁判の登場人物　少年事件

○少年

○裁判官

○家庭裁判所調査官

○裁判所書記官

○裁判所事務官

○保護者・弁護士

「イベント」を利用して情報収集&シナリオハンティング

実際に裁判を傍聴するのが何よりのシナリオハンティングであることは言うまでもありませんが、その他にも司法の世界に触れるオススメの方法があります。

日弁連・法務省・弁護士会などが積極的に行なっているイベントに参加してみることです。こうした団体は概して宣伝下手で、公式ホームページで地味に告知しているだけなので、情報をキャッチするのはちょっと大変。なのですが、その代わりに思わぬレアな情報を開示してくれていたり、素人が考え付かないような企画を発案してくることもあります。

プリズン弁当

例えば**東京拘置所**が年に一度開催している「**矯正展**」は、拘置所構内で大々的に行なう学園祭のようなイベントです。全国の受刑者が制作した石けんや家具などの刑務作業製品の販売がメインですが、訪れる人の人気をさらっているのが刑務所の食事を再現した「プリズン弁当」。ネーミングもすごいですが、それを購入するために朝早くから行列ができるというのもシュールな光景です。

それはともかく、拘置所を間近で見て、雰囲気を掴むには絶好のチャンスです。拘置所内の施設を再現した模型も、当然のことながら超リアル。しかも、展示室で接客を担当している刑務官の方にいろいろ話を聞くことだってできちゃいます。

弁護士会の勉強会

東京弁護士会が広報活動として行なっている「**市民交流会**」は、特にオススメです。

交流会メンバーの任期は1年。月に1回の活動日には、裁判傍聴、判事との懇談会、検察庁見学、模擬裁判体験等々、「これって脚本家志望者のために組まれたシナハン?」と思わずにはいられないような貴重な経験をさせてもらえます。もちろん現役弁護士さんに話を聞くチャンスもたっぷりあって、参加料はタダ。こんなオイシイ話があるでしょうか?

多数の応募の中から抽選でたった30名しか選ばれないと

いう超難関ですが、興味のある方は東京弁護士会のホームページでご確認を。申し込みの締切は毎年3月中旬です。

シンポジウム

冤罪事件、子供のいじめ、DV防止法のように、現在進行形で社会問題になっていることを取り上げたい場合は、弁護士会などが主催するシンポジウムを聞きに行くのが手っ取り早いでしょう。

一般人でも参加可能のことが多いですし、貴重な資料をもらえて、最新情報を得ることができます。登壇した被害者の話を聞いて心を動かされたり、弁護士による解説で新しい切り口を思いついたり。きっと創作意欲を刺激されるはずです。

最高裁図書館

気になるトピックについてさらに深く知りたい場合。ネットの情報には限界があります。やはり頼りになるのは地道に文献を調べることです。判例などは日々更新されていきますので、国会図書館で法律関係の雑誌の記事を検索して調べるのが効率的です。

もっと深く追求したいことがあれば、究極の奥の手、最高裁内の「最高裁図書館」を訪ねるという方法もあります。法律専門書を探すにはこれ以上の図書館はありません。電話による事前予約が必要ですが、18歳以上の人なら一般人でも利用できます。詳しくは、最高裁のホームページをご参照ください。

一朝一夕で情報を集めるのは確かに大変かもしれません。でもそれは他の題材でも同じことですよね。気負わずに、まずはプリズン弁当を食べるところから始めてみては？

東京拘置所

シナリオハンティングのためのとっておきコラム

東京地裁周辺のランチ事情

どんな観光案内でもグルメガイドは欠かせないものです。仲間を連れて傍聴に出かける時も、必ず誰かが「お昼はどこで食べる?」と言いだします。

あらかじめ申し上げておきますが、何かおいしいものを食べたい方は裁判所から徒歩15分ほどの新橋・銀座・有楽町辺りにお出かけになることをオススメします。午前の裁判が終わるのが12時。午後は大体13時半から始まる。つまり、昼休みはたっぷりありますから、全然余裕で往復できます。でも、それはめんどくさい、手近なところで手を打ちたいという方のために、東京地裁周辺のランチスポットをいくつかご紹介しましょう。

○地裁地下食堂

ランチ場所のド定番は、やはり地裁地下にある食堂でしょう。どうってことのないセルフサービスの食堂で、メニューもとりたてて特徴があるわけではありません。日替わり定食やスペシャルメニューも定期的に企画されていますので、選択肢は多いほうではないでしょうか。裁判の当事者や弁護士などさまざまな人が集まってくるので、隣の席の会話を盗み聞きする楽しみもあります。

その食堂の向かいにはファミリーマートがあって、すぐ横にはちょっとしたイートインスペースも設けられています。コンビニ弁当やパンで手軽に済ませることも可能。

お隣の建物の東京家庭裁判所の地下食堂も大体同じですが、地裁の食堂に比べて、広い窓のおかげで開放感があります。

○農水省

道を渡ってすぐの農水省のカフェテリア「手しごとや咲くら」は、さすが日本の食の元締めがやっている食堂ということもあり、近隣公務員に人気のようです。建物の入口では警備員が見張っているので、一般人は入館できないような空気を醸していますが、恐れることはありません。

最近ではマスコミに紹介されることもあるし、食べログにも載っています。国産食材を使ったおかずや小鉢が大変充実していて、それぞれに自給率が記載してあるのもちょっと楽しい。珍しい鯨肉のメニューもあります。ただし、欲張ってあれもこれもとトレーに乗せると、それなりのお値段になるので注意が必要です。

○弁護士会館地下食堂街

お財布に余裕のある方は弁護士会館地下の食堂街にどうぞ。中華や和食など何店舗か並んでいて、それぞれランチセットなどを提供しています。リアルな弁護士の生態を知るには、これ以上ない穴場かもしれませんね。

○公園で

少し足を延ばせば、日比谷公園の中にも食事できる場所があります。年に一度の10円カレーチャリティーで有名な松本楼。落ち着いた雰囲気で昭和な洋食を楽しめば、気分転換できること請け合いです。

低予算派には、霞門近くの日比谷グリーンサロンというカフェテラスも便利。ケーキセットやビールも置いてあるのが、嬉しいですね。ハードな裁判を傍聴すると、昼から1杯飲みたくなる時だってあります。都の施設ということもあり、客席にお弁当などの持ち込みも自由です。

個人的に一番お気に入りなのは、コンビニでサンドイッチを調達し、日比谷公園雲形池のほとりにあるベンチで、鯉を見ながら過ごすランチタイム。新緑の季節、陽を浴びながらウトウトしていれば、空き時間の1時間半なんてあっという間に過ぎちゃいますよ。

マニアックすぎるショッピングガイド

裁判関係の専門書を手に入れたいと思ったら、都会の大きな書店に行くより、弁護士会館へGO！　地下1階の飲食店の奥にある小さな書店、その名も「弁護士会館ブックセンター」は、置いてある本のほぼすべてが法律関係の書籍です。『実践刑事弁護　裁判員裁判編』や『刑事弁護ビギナーズ』（いずれも現代人文社）のような新人弁護士向けの入門書は、法廷シーンのシナリオを書く際に大いに参考になるはずです。

地裁の地下1階にある書店も、同様に法律書が充実しています。

また、弁護士会館の書店のさらに奥には、文房具を扱う売店があります。このお店もマニアックな品揃えで、

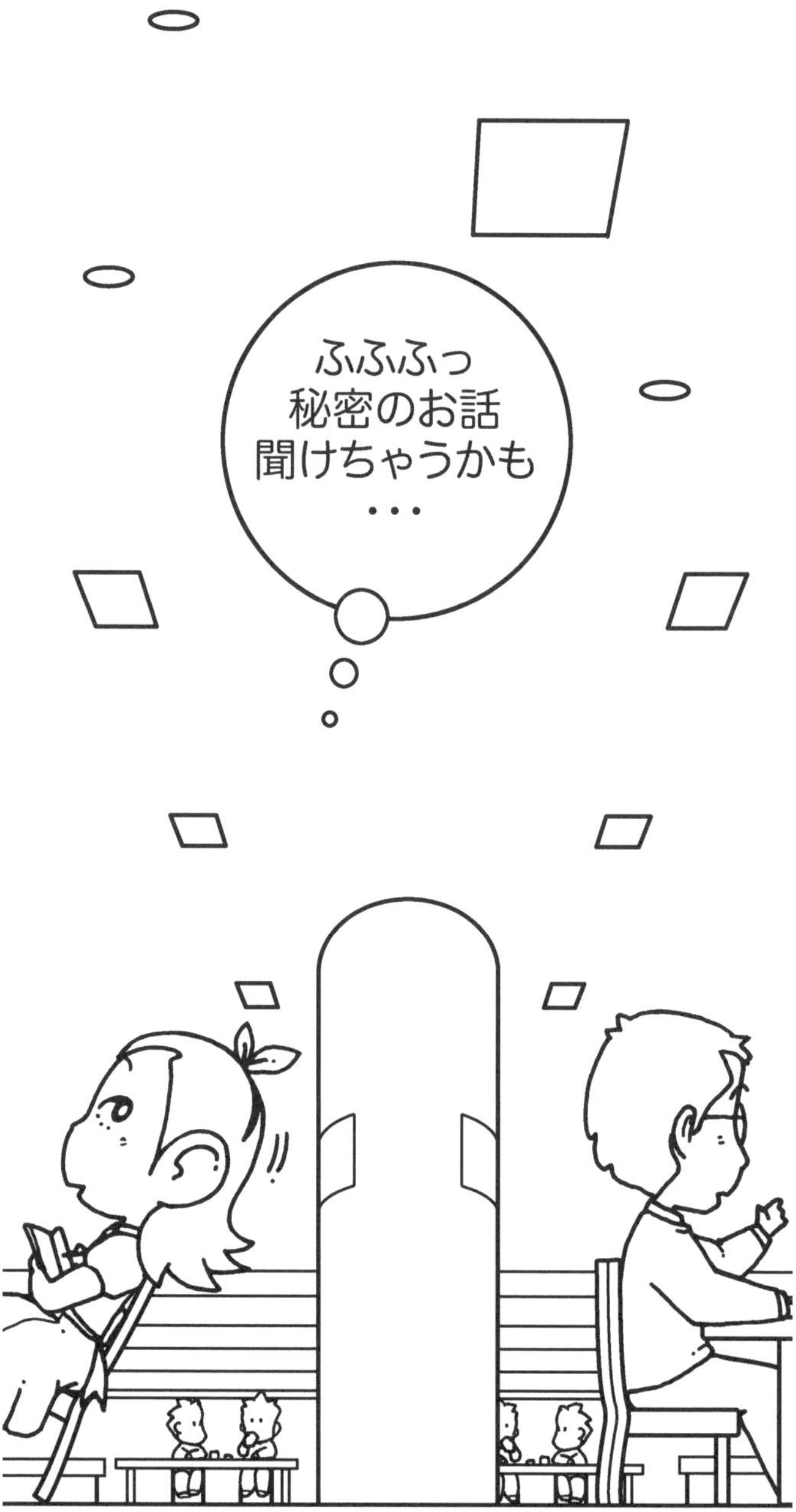

弁護士が資料を保管するための専用ファイルや裁判書類を入れておく「事件袋」（紙封筒）などを買えます。

弁護士がよく使っている黒い手帖、「訟廷日誌」「弁護士日誌」も、誰でも購入可能です。これは裁判の開廷期日や相手方弁護士の連絡先などを効率的に記入できるようになっているのですが、一般人にとって使いやすいスケジュール帳とは言い難いでしょう。

ドラマの法廷シーンで使う事務用品も、この店で手に入れることが多いようです。

実践シナリオハンティング 府中刑務所訪問記

海外ドラマのような刑務所脱獄事件が平成の日本でも起こりました。数日後に捕まった犯人は「腹が減った。刑務所に戻りたい」と言ったとか。逃げたいけど戻りたい、刑務所とは一体どんなところなのでしょうか？

刑務所に入ったことがある方は、読者の中では少数派でしょうね。実はわたし、府中刑務所に入ったことがあるんです。あ、「何年かお世話になった」という意味ではなく、正式に見学させてもらったという意味ですので、念のため。

刑務所に行くには

好奇心旺盛な脚本家志望の皆さんなら是非とも自分の目で見てみたい施設だとは思いますが、場所が場所なだけに、そう簡単に見学することはできません。

わたしは72ページにも記した**弁護士会主催の「市民交流会」**で機会を得ました。事前に「華美な服装禁止、スカートやジーンズ、Tシャツ禁止」など、服装や振る舞いに関する注意事項を言い渡され、正門前に集まった見学者の顔は一様に緊張で強張っていたものです。

ところでこの府中刑務所、そもそもの起源は、かの鬼平犯科帳の長谷川平蔵が隅田川河口に「人足寄場」を設置したのが始まりってご存知でしたか？ 後に巣鴨に移転し、関東大震災を契機に府中に移ったとのこと。

府中の収容対象は犯罪傾向の進んだ（＝B指標の）男子受刑者と外国人男子受刑者。近年激増している外国人受刑者の中には軍隊経験者も多いため逃走などに注意が必要なのだそうです。職員の説明によると、府中刑務所では脱走事故は数十年起こっていないものの、年に何回かは錯乱してグラウンドから塀に走るヤツがいる、という話でした。

ドアを通り抜けると

事務所棟の講堂で職員の説明を聞いた後、いくつかのドアを通り抜けると……そこはもう刑務所の中でした。エッ、いつ境界線超えた!?とビックリ。刑務所に入った第一印象は……「緑が多くて開放的、リゾートホテルみたい！」でした。

刑務所なのに開放的とはこれ如何に。庭の植木や芝生はよく手入れされていてゴミひとつ落ちていない。広々とした敷地に建物が点在していて、鉄条網の塀もない。しかも、パッと見、どこにも監視カメラがない！（もちろん至る所に設置されているはず）毎日ぎゅーぎゅー詰めの電車で通勤して何時間も残業したりするより、よっぽど精神衛生上良さそうです。

　刑務所は刑を犯した人の社会復帰を支援する更生施設でもあるしね、と納得したのですが、受刑者の４割以上が暴力団関係者、うち半分が現役のオニイさんという話を思い出して「いやいや、ハコが良くても同居人が怖かったら快適じゃないわなぁ……」と思い直したのでした。

見学

　見学者たちは2列になって刑務所の中を歩いて回りました。許可された持ち物はメモとペンのみ。「落とさないでください！」とたびたび注意されます。

　わたしたちの姿が見えると、移動中の受刑者たちは壁に向かって直立の姿勢を取らされます。おかげでジロジロ見られるってことはなかったけれど、小学生が廊下に立たされてる姿のようで申し訳なく思いました。

共同室

　ところで府中刑務所の収容定員は２８４２名。見学した日の受刑者数は３１０７名。常に10％ほど超過収容しており、最高３２４９名まで入ったことがあるとのこと。そのツケは当然、共同室一部屋あたりの人数に回ってきます。

　ドラマなどでよく見るように、普通は畳の部屋に布団を敷いて寝ますが、人数超過に伴ってベッドを導入。ベッド下の空間に別の人が足を入れ、縦横に交差して寝ているという過密状態なのです。

　部屋の中にある各自管理の本棚に、輸入中古車雑誌やグラビア誌に交じって「涙が出るほどいい話」「人間関係が一番難しい」などのメンタル本を発見。ストレスフルな居住環境が垣間見えました。

暮らしぶり

　舎房の見学を終えて移動している時、妙な光景を目にしました。収容施設の建物に沿うようにして、陸上競技のハードルのようなものがギッシリ設置されているのです。運動に使うにしては間隔が狭すぎるし、しっかりと地面に埋め込まれています。逃走防止?と思いましたが、隣には広い通路があるのであまり意味はなさそう。

その不思議なハードルは一体何なのか、どうしても気になって小声で職員さんに尋ねると……「布団干しに使います」。なるほど！

ちなみに敷き布団はよくドラマに使われている通りの、オレンジ&緑の縞々模様のせんべい蒲団でした。身長１９０センチ以上の受刑者には「長身者布団許可」が下りて、少し大きめのものが与えられるそうです。そういえば身長が１８０センチ以上の人は、ごはんが大盛りになる特典があるとのこと。１７９センチの人は……とか考えると切ないですね。

そんな刑務所が一番賑わうイベントが、毎年秋にグラウンドで開催される運動会！　府中の受刑者の平均年齢はおよそ45歳。まだ血気盛んな男たちによる、綱引きやリレーの真剣勝負。毎年これを楽しみにしている人は多く、当日はすごく盛り上がり、チームの団結も深まるそうです。

シャバに戻る

約2時間の見学を終え、わたしたちは刑務所を出ました。一気に緊張が解けたからか異様な疲れを感じ、大きくため息。「シャバの空気はうまい！」をリアルに体感することができました。

言葉少なに解散していく見学者一同に逆流して、面会申し込み窓口に向かう、仕立ての良いスーツの紳士がひとり。あの襟のバッジ、見覚えがある……。

しばらく歩いて思い出しました。あれは議員バッジだ！夕暮れの府中刑務所に、秘書なしでやってくる国会議員。ほのかにサスペンスドラマの匂いを感じながら、わたしは府中刑務所を後にしたのでした。

裁判にハマって、一番驚いたこと

裁判所でわたしが一番驚いたことは何だと思いますか？殺人犯を見たこと？　被告人が法廷で暴れだしたこと？違います。

「文字が読めない、書けない人」に出会ったことなのです。現代日本の識字率はほぼ１００％と言われています。ちょっと漢字が苦手とか、英語が丸っきり読めないって人はそこらじゅうにいますが、日本語を読み書きできない人がいるなんて！と衝撃を受けました。

その人は当時75歳の男性被告人。白シャツにグレーのズボンをはいた、穏やかそうなおじいちゃんです。妻と共に食堂を経営していて、子供３人孫２人に囲まれて幸せに暮らしているとのこと。

ある日妻に「離婚しなければ殺されると占い師に言われた」とつまんない嘘をついたところ、妻が逆上。暴れる妻を取り押さえようとした人を被告人が殴って逮捕されたという事件でした。

彼には前科があり、区役所の職員が話を聞いてくれなかったので灰皿を投げ、器物破損で有罪になっています。「見た目によらず気が短いなぁ」という印象でした。しかし彼の話はとにかく長く、的を射ていないので、わたしもイライラし始めました。しょーもない事件、この調子じゃ区役所の人もイラつくわ……と。

直後弁護人から「小学校を卒業してすぐに奉公に出されたため、読み書きができない」ことが明かされ、合点がいきました。だから、言いたいことをうまく言葉にできないのか！と。

彼は勾留されていた20日間、毎朝４時から就寝時間まで、反省の証としてずっと起立していたそうです。留置係の警察官が「休め」と言っても決してやめなかった。でも、そのことは裁判では情状酌量されませんでした。「反省文」を書けば、証拠採用されることもあるのに……。

読み書きができる幸せに、わたしは生まれて初めて気づきました。

III

4

ドラマチックすぎる裁判傍聴記　番外編

裁判所の壁もドラマだ!?

裁判所場外バトルも〝傍聴〟

裁判所は、実に多くのドラマを引き寄せる場所です。ドラマの磁場です。しかも、ドラマが起きるのは法廷の中だけじゃないぞ！というのが、わたしの実感。

壁の上に少年

傍聴終わりのとある夕方、ヤレヤレと肩のコリをほぐしながら建物を出たわたし。いつもなら左右の門から公道に出ることができるのですが、その日はなぜか左側が封鎖されていました。

なにやら警戒態勢の数人の警備員の姿。なんだろ～と思いながら歩道に出ると、視界の上方にひとりの男の子が立っているのに気づきました。裁判所と歩道を隔てている高さ2メートルほどの壁の上です。

で、その男子（Aとします）を壁から下ろそうと、裁判所の内側から警備員たちが説得している様子。壁の歩道側には、仲間の若者が2人（BとC）。別に暴れているわけじゃないんです。手ぶらだし、酔っ払っている感じでもなさそう。彼がそこに登ってる理由が心底わからない。野次馬根性旺盛なわたしは、思わず立ち止まりました。

拡声器おじさんが乱入

当時、裁判所の正門前の歩道に毎日座り込んで、拡声器で裁判所批判を繰り広げているおじさんがいました。仕事をしていないのか、一日中「○○判事は恥を知れ！」などと叫んでおり、誰にも相手にされないのによく頑張れるよなぁと思っていました。その拡声器おじさんが、壁にのぼった男子を見つけて、臨機応変なパフォーマンスを始めたのです。

「なんで、そんなことしてるの？　壁なんか登らなくても裁判所には入れるよ。一体どうしたの？」

そうそう。わたしもそれを知りたい。おじさんは意外にも優しげな口調です。すると若者Ｂがおじさんにニコヤカに近づいて、黄色いチラシを渡して説明。おじさんは、「あー、わかったわかった」などと納得し、再び拡声器を構えました。

「裁判所は穏やかに学生さんと話し合いをしなさい！　横暴は許さない！　裁判所に入るのは国民の自由だ！」

敵が裁判所とわかった途端、威勢のいいおじさんです。

ＢとＣが裁判所敷地内に入ろうとすると、警備員数人がサッと門の前に立ちはだかって、中に入れないようにしています。Ａは裁判所に入れてもらえないことに腹を立て、壁に登るという行動に出たようでした。それにしても、その日の裁判はそろそろ終了という時刻。わたしのように傍聴を終えて裁判所を後にする人がほとんどです。なんで若者たちは「入る・入らない」で揉めているのでしょうか。

コトの次第をどうしても知りたくなったわたしは、おじさんの元に近寄り、「そのチラシ、見せてもらえませんか？」と話しかけました。すると、かなり感じよく「いいよ、あげるよ。あれは××大学の学生でね……」と説明してくれました。

傍聴席で騒ぎ……

チラシとおじさんの説明を総合すると、彼らは校内のデモ騒動で捕まり、刑事裁判を受けている仲間の支援者で、学生部長の暴挙と学生に対する言論弾圧に抗議しているとのこと。捕まった学生の公判がまさにその時行なわれていたんですね。で、３人は傍聴席で騒いだため、退去命令を食らったというわけ。

それにしても学生さんたち、アツイなぁ。アツイけど、なんか方向性が違うような気がする。裁判所で暴れるより、「横暴を改めなければ退学する」という署名でも集め、学長に提出したほうが効くんじゃないかな。私立大学なんて、いわば学費を集めて経営している営利組織なんだし。

それにしても、この平成の世で学生運動？という意外性と、学生たちの見た目の平凡さには驚きました。

もしかしたら昭和の学生運動を思いだして血が騒いだのか、おじさんの拡声器トークもエスカレートしていきます。

さすが毎日演説しているだけあって、煽り方が巧みです。

「学生さん、もっと暴れなさい！　傍聴席で騒ぐのは国民の自由だ！　あっ、危ない。さぁ、学生さん、言いなりになる必要はない！　壁の向こうに落っこちて、裁判所を訴えてやりなさい！」

おじさんの実況中継のせいで、騒ぎは大きくなってきました。わたしは笑いをこらえるのに必死。

間もなく、すぐ近くの桜田門方面から制服警官&私服警官が10人ほど駆けつけてきました。一気に緊迫する現場！壁のこっち側から警官が、向こう側からは裁判所の警備員が、学生Aの足に手をかけて押したり引いたり。Aは壁にしがみついて抵抗したものの、ついに歩道側にボトッと落っこちてきました。

「さぁ、通行中の皆さん見てください。これが警察の横暴です。乱暴するんじゃない！　学生さんたちはこれっぽっちも暴れてないじゃないか！　裁判所も警察も同じだ！国家権力が何の罪もない学生さんに乱暴して！」

警察と裁判所を一緒くたにして弾劾する拡声器おじさん。もし落ちたのが裁判所サイドだったら、おじさんの舌鋒もさらに鋭くなっていたに違いなく。なんとも判断が微妙な結果となりました。

警官と学生は一瞬揉み合いになり、学生Bが警官に引き倒される一幕もありましたが、おじさんの演説に調子を狂わされたのか、すぐに収まりました。さすがに一般通行人も何人か立ち止まって見ています。

学生たち、連行されるか⁉と思ったのですが、市民の目を意識した警官たちは学生さんと一定の距離を取り、離れました。学生さんたちも門の前でタムロしたままでしたが、壁に登ることは断念した様子。

こうして、騒動は一応収まったのでした。

騒動のあと

今回の件、わたしは拡声器おじさんが言うことにも一理あると思いました。暴れて法廷から追い出されたのは当然の措置としても、裁判所の建物自体から追い出すのはやり過ぎのような気がしたのです。危険物を持っていない限り、自由に出入りできることが裁判所の売りなのですから。

それにしても、この拡声器おじさん。まともな思考回路もお持ちなんだし、毎日朝から夕まで拡声器で演説するパワーとプレゼン能力と粘り強さを他のことに向けたら、何か大きなことを成し遂げられるのでは……と思いましたが、余計なお世話ですよね。最近はおじさんの姿は見られず、歩道はすっかり静かになっています。

5

ドラマチックすぎる裁判傍聴記　その2

エリート女同士の大舌戦、勃発

中年男性わいせつ犯裁判、ドラマなのは事件の内容だけではなかった

事件自体は大変情けないものでした。

独身でパン工場に勤める男性被告人S（50代）。ある年末の夜8時、好みのタイプの少年（17歳）を見つけて「おじさんと遊ぼう」「かわいいね、おじさんと付き合わない?」と声を掛けました。多摩川の河川敷に連れ出して自分のモノを触らせたり、少年のを揉んだりしたところ、不快に思った少年はその場から逃走、偶然近くにいた友人に被害を打ち明けたのです。

しかし性欲を十分に満たせなかったSは少年を追いかけてきて、「結婚しよう」「別のところに行こう」などと言い募りながらさらにわいせつ行為をはたらいたとのこと。少年は一緒にいた友人と協力してこっそり１１０番し、警察官が駆け付けるまでSが逃げないように話を合わせていたというから、なかなかのしっかり者です。

40歳頃から若い男性に興味を持つようになったというSは、毛玉がびっしりついたジャージを着て、無精髭と妙に伸びきった後ろ髪が不潔感に溢れていました（パン屋さんなのに……）。父と妹と一緒に住んでいるということで、今回、情状証人として妹が出廷しました。

出来のいい妹

細身のグレーのスーツで登場した妹（50代）は、とても生真面目な印象。それもそのはず、有名大学を卒業後、小学校で教員として働いているというお堅い女性です。80歳を超えた父はとっくに仕事をリタイア、母は亡くなってい

て、弟はわいせつ犯。そんな一家の中で、この妹が経済的にも精神的にも大黒柱になっているであろうことは、容易に想像がつきました。

妹は兄の人となりを、生徒相手に言い聞かせるような一方的な口調でこう説明しました。

兄は昔から勉強が出来なかった。大学付属高校に入ったが成績が悪くて内部進学できず、ランク下の別の大学になんとか入学。しかし中退してしまった。内向的でコミュニケーション能力が低く、趣味と呼べるものはない。ここ数年はパン工場で職人として働いていたが、肉体的にキツそうに見えた。

定年まで大手金融機関に勤めた後、外資系企業で数年働いていた父は、今回の事件のことを聞いて大変ショックを受けている。しかし、父は「余計なことを言わず、本人を尊重して温かく見守りたい」と言っている――とのこと。

アウトラインを聞いただけで、被告人Sが家族の中でどんなに居心地の悪い思いをしていたかが想像できます。絵に描いたようなエリート銀行員の父とは折り合いが悪く、成績優秀で出来のいい妹は高圧的な態度で接してくる。現実逃避するために休日は酒におぼれ、成人女性でなく未熟な少年に興味が向いてしまったのも、なんとなくわからないではありません。もちろんだからといって他人にわいせつ行為をしていいというわけではありませんが。

学歴主義者の妹vsエリート女検事

ところで、今回の裁判は、若い女検事が担当していました。やる気マンマンで、冒頭陳述の段階から攻撃的な口調だったし、付き添いの先輩検事が隣に座っていたことから、新人か、異動してきたばかりかもしれないとわたしは察しを付けました。このルーキー女検事が、妹への証人尋問を始めたところから、法廷内の雰囲気が変わってきたように思います。

前述のとおり、妹は学歴主義者。そして検察官は文系トップクラスのエリートということを踏まえて、以降のやり取りをご覧ください。

「検察官よりお伺いします。被告人は、妹であるあなたの話を聞いてくれますか？」

「はい」

「今後、家ではどのように接していきたいと思いますか？」

「食事とか環境づくりをして、兄があったか～い気持ちになれるようにしたいです」

「今後同様の事件を起こさないよう、被告人の行動を監督できますか?」

「大人だから、行動すべてを監視するのは無理ですよ(笑)」

「あなた! 小学校の教員として、子供を守る立場ですよねぇ? 今回未成年が被害に遭っています。こういう犯罪を起こした人に対して、もっと厳しく接しようって気はないんですかッ?」

「厳しくって、犯罪に対してですか? それとも本人に対してですか?」

「……どっ、どちらでも構いません」

「(微笑) 罪を憎んで人を憎まず、です」

「……」


経験の浅い女検事は、そこでグゥの音も出なくなってしまいました。

「ああいえばこういう」対決に関しては、ベテラン女教師のほうに軍配が上がった模様。悔しそうな検事に向かって、妹はまたも上から目線でこう付け加えました。

「兄は人付き合いが苦手なので表情からはわからないけれど、本人は申し訳なく思っていると思いますよ」

あたかも「あなたのような青二才には、わからないでしょうね」とでも言いたげな、余計なひと言。わいせつをした事実は被告人本人も認めているのだから、ここで情状証人が検察官にケンカ売ってもしょうがないと思いますが……。

覇気のない被告人

さて、ひとり蚊帳の外でボーッと座っていた被告人の出番がやってきました。被告人質問の時間です。境遇や法廷での態度から、覇気のないタイプだと予想していたものの、想像以上の覇気のなさでポツリポツリと自分のことを話し始めました。


妹は……ずーっと教員で……父は……ずーっと銀行で……わたしは職を転々としていたものですから……家庭内で浮いてしまって……。

パン工場の仕事は、面白いと言えば面白いし、つまんないと言えばつまんないです……。仕事は朝6時半から、終わるのは早くて夜の8時か9時……。ストレスがたまって、仕事帰りに酒を2~3合買って飲みました……。

　休みの日は、家にいても面白くないので外出して……事件当日は朝から夕方まで飲み歩いていたんです……。

　今回のことは、酔っぱらったことが原因の１００％だと……思います……。

北風

　先ほど妹にやり込められた検察官は、そのうっぷんを晴らすかのように被告人を詰問。ギャグマンガみたいに体が45度の角度にナナメってるんじゃないかってほど前のめりになっています。


「反省してる態度がぜんっぜん伝わってこないんですよッ！」

「もうちょっと努力してもらえませんかねぇ？」

「趣味がないというけれども、家でやること、ないワケないですよねぇ！　お父さんの世話とか、あるワケですよねぇ！」


　確かに正論です。ただ、この被告人の家庭状況を考えると、これまでに妹から同じようなことを再三言われ続けてきたはず。今さら、彼の心に響くかというと、この攻め方はあまり有効ではないように思いました。

太陽

　すると、裁判長がおもむろに身を乗り出して、優しく話しかけ始めました。この裁判を担当したK裁判長はキャリア30年のベテラン判事で、以前からわたしは素晴らしい人格者だなと思って尊敬していた人です。


「性欲処理は、どうしてたの？」

「えっ……」

「あるでしょ、性欲。どうやって処理してたの」

「……自然体です」

「自然体って？」

「じ、じ、自分で……」

「なるほど、わかりました」

「……」

「あのね、もう少し趣味を持つことだね。今回のことで大分懲りたんじゃないですか？　ね、そうでしょう。同じことを二度とやらないことだね」

過激すぎる質問内容は、無口な被告人からなんとか言葉を引き出そうとする一種のショック療法だったのかもしれ

ません。K裁判長の目は、不器用な被告人のことを理解し、受容するような優しさに溢れていました。彼のお父さんがこういう人だったら、被告人も少しは違う人生を歩んでいたかもしれません。

検察官の求刑は懲役1年6月。ただちにその場で判決が言い渡されました。

判決は、懲役1年2月、執行猶予3年。前科前歴がないことを考慮しての量刑ということでした。最後に、K裁判長が再び被告人に語りかけました。

「あなたはどうも、他の人に気持ちが伝わらないところがあるようだね。人間、今からでも何でもできますよ。ただし、言葉は豊かに。しゃべらないとダメですよ。同じところに復職して、仕事を頑張ってください。あと、お酒は飲まないに越したことはないですからね」

傍聴していたわたしもグッときたくらいですから、きっと被告人の心にも響いたに違いありません。

こういう裁判に出会うと、機械ではない生身の人間が裁く意味はあるなと感じます。イソップ童話の「北風と太陽」をナマで見たような裁判でした。

ドラマチックすぎる裁判傍聴記　その3

ただひとりの友に「俺を殺してくれ」と頼まれた男

あるアパートで起こった究極の友情物語

ハマちゃんとトクちゃん

生活保護を受けながら暮らしている50代のハマちゃん。彼は、わたしが傍聴した裁判の中で、もっとも心優しく、崇高な被告人でした。

「男の顔は履歴書」と言いますが、痩せぎすでとがった顎、短く刈り込んだ髪はほとんど真っ白、それなりに厳しい人生を歩んできたであろうことが彼の深い皺からも窺われました。

検察官の説明ではハマちゃんは昔ヤクザな世界に足を突っ込んでおり、前科多数。もちろんムショのお世話になったことも一度や二度ではないといいますから、立派な「そのスジの人」です。けれど初老の域に達した今ではすっかり毒気が抜け、時々日雇いアルバイトなどもしながらひとりで真面目に暮らしていたようです。

事件の被害者・トクさんもまた、愛すべきダメオヤジです。70代のトクさんは、以前は会社を経営してバリバリ働いていたそうですが、どのような経緯があったのか、今ではひとりぼっちで生活保護を受けている身の上でした。

今回の傍聴記は趣向を変えて、実際の公判廷で明らかにされた事実を基に事件のてん末をストーリー仕立てで再現してみたいと思います。

ふたりで晩酌

20年前はヤクザと社長、交わるはずのない正反対の立場だったハマちゃんとトクさん。ですが、修羅場をくぐり抜け人生の荒波を越えてきた者同士、どこか相通じるところがあったのでしょうか、生活保護受給者の集会で出会った2人はすぐに仲良くなりました。奇遇なことに、スラッと背が高く、昔はモテ男だったであろう容姿は、互いによく似ていました。

　こうして冴えないオジさん同士、月に1～2度互いのアパートで安酒を飲み交わすようになったのです。

そんな付き合いが始まって3カ月くらい経ったある日。ハマちゃんは仕事帰りにトクさんの家に向かっていました。コンビニで発泡酒とつまみを買い込んで誰かが待っていてくれる家に帰るのは、ハマちゃんにとって唯一の楽しみだったかもしれません。いつものように鍵がかかっていないドアを開け、いつものように「来たよ」と部屋に上がりこみました。

　トクさんは普段あまり愛想のいいほうではないのに、その晩はなぜか待ちかねたように出迎えてくれました。万年床のせんべい布団の横にある粗末なちゃぶ台に酒の缶とつまみを並べて、ささやかな宴会が始まりました。

「死にたいよ」

　トクさんは、興奮気味に話し始めました。

「俺さぁ、女と別れたんだよ」

　ハマちゃんは、あまり驚きませんでした。その女の話は前から聞いていたけれど、どう見てもトクさんの手に負えるような女ではなかったからです。あぁ、だから今日はちょっと様子が変なんだな、とハマちゃんは納得し、今夜はとことんヤケ酒に付き合おうと決めました。

「俺、もう死にたいよ」

　このセリフも、今では耳にタコです。

「まぁ、そんなこと言わずに、飲めよ。ほら、トクさんの好きな柿ピー買ってきたんだぜ」

　しかしトクさんは柿ピーやおでんに手を付けず、酒をあおるばかり。口下手なハマちゃんは、うまいこと慰めることもできず、ただ一緒に座っていることしかできませんでした。

するとトクさんが黙って立ち上がり、押し入れから何かを引っ張り出して、ちゃぶ台の上に放り投げたのです。それは使い古したネクタイでした。昔、トクさんが高級スーツを着ていた時代の遺産かもしれません。しかし不自然なことに、端っこが輪っかに結んであります。

「これ、こうして首に巻きつけて、死のうと思ったんだ」

真顔で話すトクさんの言葉に、ハマちゃんは突然冷や水を浴びせられたような気がしました。

「でも、苦しくてできなかった」

「って、いきなり、何言ってんだよ！」

「女のことだけじゃないんだ。実は俺、こないだ病院でがんの疑いがあるって言われたんだよ。今日は再検査の予定だったけど、どうせがんに違いないから行かなかった。それに、最近は歯が悪くて、物が食べられないんだ」

ハマちゃんは、すぐには返事ができませんでした。道理で、柿ピーやおでんに手を付けなかったはずです。元々痩せているトクさんだけど、そういえば前回会った時よりもゲッソリしているような気がする……。彼の年齢を考えれば、病魔に襲われてもおかしくありません。

「俺なんか、生ける屍だよ。体も悪いし、家族もいない。生ける屍だ。死にたいんだよ」

そう繰り返すトクさんに、ハマちゃんは

「バカなことを言うなよ」

とオウムのように返すしかありませんでした。

「殺してくれ」

テレビが深夜のニュースを始める頃、トクさんはまたも黙って立ち上がり、流し台の下から包丁とゴム手袋を取り出してハマちゃんの前に置きました。

「なぁ、ハマちゃん。これで俺をひとおもいにやってくれないか」

……殺してくれっていうのか？ さっきのネクタイといい、この包丁といい、トクさんは相当思いつめているようです。刃傷沙汰には慣れているはずのハマちゃんにとっても、さすがにこんな依頼は初めてだったはずです。

「なんだよ、ゴム手袋って……」

「それをはめたら、包丁が滑らないだろ」

ハマちゃんは冷や汗をかきながら、考え付く限りの断り文句を並べました。

「いやだよ」「バカなこと言うなって」「俺、人殺しになりたくないよ」

最後の一言は、トクさんに響いたようです。

「そうだな、ハマちゃんに殺しを頼んだら、10年か15年は刑務所に入るハメになっちまうもんな。そんな目に遭わせるわけにはいかないよな」

トクさんはそういいながら、包丁とゴム手袋を流し台の下にしまってくれました。ホッと一安心したハマちゃんでしたが、新たな心配が湧きあがったのです。もしかして、他の誰かに頼もうっていうんじゃないだろうな？

でも、とりあえず今夜は大丈夫だろう、ハマちゃんはそう自分に言い聞かせ、シャワーを借りるよ、と風呂場に向かいました。

ハマちゃんが風呂から上がると、トクさんはすっかり酔っぱらった様子。そして目の前に、再びあの包丁とゴム手袋がありました。

「なぁ、ハマちゃん。俺やっぱり諦めきれないよ。やってくれないか」

「……」

「俺は生ける屍なんだ。死んだほうが幸せだよ」

そういってトクさんは手をバンザイの形にしてせんべい布団に横たわり、目を閉じました。その時、ハマちゃんの脳裏に、ある辛い思い出が蘇ってきたのでした。

死んだほうが幸せ？

ハマちゃんには、年の離れた兄がいました。心に病気を抱えていた兄は生涯苦しみ、何度も何度も自殺未遂を繰り返した末、ある日本当に死んでしまいました。その葬儀の席で、姉がポツンと呟いた言葉が、ハマちゃんの心に鋭く刺さっていたといいます。

「兄ちゃんは、死んで幸せになったんじゃないだろうか」

いま、目を閉じて横たわるトクさんを前にして、ハマちゃんは考えました。確かにトクさんの言うとおり、死んだほうが幸せになれることもあるかもしれない。兄ちゃんのように病気で苦しんで死ぬよりも、自分の手でひとおもいにやったほうが苦しまずにすむかもしれない。この年になってできた大事な友達、トクさん。トクさんのために、ハマちゃんは決心しました。

ゴム手袋はせずに、包丁を手に取りました。そしてトクさんの上に馬乗りになって最後の確認をしたのです。

「本当にいいのかい？」

「いいんだ、ひとおもいにやってくれ。心臓を一突きだぞ」

「じゃあ、やるよ」

「ありがとう、ハマちゃん」

「本当に、いいんだね？」

「いいって言ってるだろう、さぁ、やってくれ」

ハマちゃんは覚悟を決め、包丁を持った手を大きく振りかぶりました。固く握りしめた包丁の先をトクさんの左胸めがけて一気に振り下ろすと……。

100円ショップの包丁では……

ガチンッッ！！


ものすごい衝撃で、ハマちゃんの体は前方に跳ね飛ばされ、床に突っ伏してしまいました。一瞬何が起こったかわからず……正気に戻るまで、何秒か必要でした。ゆっくり体を起こすと、布団の端に包丁の刃が落ちていて、ハマちゃんの右手には木の柄が握られたまま。心臓を刺すはずだった包丁が、トクさんの肋骨に命中して、根元から折れたのです。

「イタタタタ……」

次に聞こえてきたのは、トクさんが胸を押さえて呻《うめ》いている声でした。着古した彼の長そでシャツの左胸の部分に、直径5センチほどの血がにじんでいます。

「大丈夫かい、トクさん！」

トクさんは横になったまま笑顔を浮かべました。

「ははは、失敗しちゃったなぁ。100円ショップの包丁はダメだね」

呆然と座り込んでいたハマちゃんでしたが、トクさんの笑顔を見ていたら体全体に急に震えが来て、大粒の涙が次々とこぼれ始めたのです。

「トクさんヨォ、こりゃ、もう一度生きろってことだよ」

ハマちゃんはトクさんのシャツを乱暴にめくり、傷口を確認してみました。包丁の刃先がちょっと刺さっただけで、ほんのわずかの切り傷ができているだけ。土方仕事のために常備していた絆創膏をカバンから取り出してトクさんの胸に貼ってやると、トクさんはお礼を言うどころか、何度も「残念だったなぁ」と呟いたのでした。

ひとりで残して大丈夫？

その後、トクさんは残った酒を飲み干して、何事もなかったかのように大イビキ。ようやくハマちゃんの震えも収まってきたものの、当然寝付けるはずもありません。ウツラウツラしているうちに窓の外が明るくなってきました。

あぁ、もうすぐ朝だ。目が覚めたら、トクさんも「昨日は酔ってバカなことをした」と言ってくれるだろう。安酒のせいで悪い夢を見ていたと思ってくれればいい。シャツに残った血痕も、もうすっかり乾いています。

すると突然、トクさんのイビキが止まりました。ハマちゃんが覗き込むと、トクさんは目を開けて天井を見つめています。何て声を掛けたらいいものか、ハマちゃんが迷っていると、トクさんが突然ハマちゃんの胸ぐらをつかみました。

「なんでやってくれなかった！」

「……」

「あれほど頼んだのに！」

「も、もう一度生きろってことだってば……」

「チクショー！　ほかの方法でやってやる！」

それだけ叫ぶと、またバッタリ倒れてトクさんはイビキを再開させました。

「ビックリした。寝ぼけただけか……」

眠れないままボンヤリしているうちに、朝になりました。ハマちゃんはその日も仕事。久しぶりにもらった1週間連続の仕事なんです。1日でも休めば、もう次から紹介してもらえなくなってしまいます。真面目に働いて、安定した収入を得て、1日も早く生活保護から脱するのが今の目標であるハマちゃんにとっては、どうしても出かけなければいけない時間が迫っていました。とはいえ、トクさんをこのままにしていいものか……。

仕事と親友との間でしばし葛藤した後、とにかくハマちゃんは支度をして家を出ました。どちらにしろ、トクさんを考え直させるには他人の手が必要だと考えたからです。生活保護でお世話になっている福祉の担当者か、それとも警察か。9時になるのを待って、区役所に電話しよう。

でも、福祉の人間が親身になってくれないことも、ハマちゃんはよく知っていました。「トクさんの家を訪ねて、様子を見てほしい」と頼んだとしても、担当者が重い腰を上げて訪ねる頃には手遅れかもしれない。トクさんの寝言が、繰り返し脳裏に響きます。

「チクショー！　ほかの方法でやってやる！」

こうしている間にトクさんは目を覚まし、今この瞬間にあのネクタイで首を吊っているかもしれない。切羽詰まったハマちゃんは、一計を案じて駅前の交番に駆け込んだのでした。

奥の手

朝の引き継ぎを終えたばかりの警官は、何やら書類を記入している真っ最中。

「あの、すんません」

「はい、何でしょう」

言うまでもなく、ハマちゃんは警察が苦手です。それなりのことをしてきた身とはいえ、散々ひどい目に遭わされてきたから。でも今はとにかく警察に頼るしかないんです。

トクさんには絶対に死んでほしくない。一刻を争う事態なだけに上手く説明できそうになかったけれど、とにかく必死で警官に訴えました。

「友達が……死にたいって言ってるんです」

警官はハマちゃんの頭からつま先まで一瞥した後、書類の書き込みを再開しました。朝イチで交番にこんなことを言いに来るなんて、酔っ払いか、頭のおかしい人と思われたに違いありません。

「そりゃ、困ったねぇ。カウンセリングに連れて行くか、お悩み相談室にでも電話してみたら？」

「……本気なんですよ。今、首を吊ってるかもしれない」

「その人いくつ？　はははーん、おじいちゃんか。あるある。でも、死にたいっていう人ほど死なないもんだよ」

真面目に聞いてくれない警官に、ハマちゃんはイラ立ちました。彼の関心を引くためには、ちゃんと説明するしかないでしょう。

「昨日の晩、殺してくれっていって包丁出してきたから、俺、こうやって刺したんですよ」

物騒な単語が出てきたからか、ようやく警官がペンを置いてこちらに向き直ります。

「で、そのおじいちゃんは、どうなったの？」

ここで「ほんの切り傷です」なんて言ったら、もう相手にしてもらえないかもしれない。そこでハマちゃんはわざと詳細をボカして答えました。

「……今はアパートで寝てると……思いますけど」

警官の目の色が犯罪者を見るものに変わったのを見て、ハマちゃんはしめた！と思いました。あぁ、俺の堅気じゃない顔が役に立ったんだな、と。

現行犯逮捕

それからはちょっとした騒ぎになりました。ハマちゃんは集まってきた警官たちにパトカーに乗せられ、トクさんのアパートに急行。もちろん仕事は無断欠勤です。ハマちゃんが、大事な仕事より友情をとったことなど、警察官たちは知る由もありませんでした。

一同が駆けつけると、トクさんはまだぐっすり眠っていました。この時のハマちゃんが、どんなにホッとしたか。起き抜けにいきなり警官たちに取り囲まれたトクさんは、ただただうろたえるばかり。

ですが、トクさんのシャツの血痕は、「刺した」というハマちゃんの自供をしっかりと裏付けていました。警官たちの間に走る緊張。

何だかわからないけれど、こりゃ、マズイことになったぞ。トクさんは寝ぼけた脳みそを叩き起こし、慌てて本当のことを説明しました。

「この人は、親切な人で、包丁で刺してくれたんだけど、死ねなかったんだよ」

ハマちゃんをかばったつもりのその言葉が、完全に裏目に出てしまいました。警官たちは顔を見合わせて、ハマちゃんに手錠を掛けました。ひとりの警官が、無線で緊急連絡をしています。

「殺人未遂事件発生！　現場にて被疑者確保！」

すぐに救急車が到着して、いつの間にか「被害者」と呼ばれているトクさんは担架に乗せられ部屋から連れ出されました。一方のハマちゃんはその場で警官に囲まれたまま。

一体、何が起こったんだ？　こんな形で引き離されるなんて……。

「俺が頼んだの、俺が殺してくれって頼んだの！　ハマちゃんは悪いことなんかしてねぇ！」

しかし、トクさんの訴えむなしく、ハマちゃんは警官に両腕を抱えられ、おとなしくパトカーに乗り込んでいきました。抵抗なんてするわけありません。だって、こうなることは初めからハマちゃんのシナリオ通りだったのですから。

こんな騒ぎになったのだから、きっと誰かがトクさんの面倒を見てくれるに違いない。今度こそ、一安心だ。派手にサイレンを鳴らして署に向かうパトカーの中で、ハマちゃんは、警察に捕まって嬉しいなんてこれが初めてだな、と胸をなでおろしていたに違いありません。

たった一度の面会

そんなふうに病院に搬送されたトクさんでしたが、絆創膏で用が済む程度の切り傷しか負っていなかったため、すぐさま追い帰されました。自宅に帰ってみると、民生委員やら警察の鑑識やら、他人が勝手に立ち入って部屋の中をグチャグチャにしているじゃありませんか。

自力で戻ってきたトクさんを見て、大家のおばさんはまるで幽霊に遭遇したかのように「ギャッ」と叫び声をあげる始末。

「……ハマちゃんは……」

雪が降ってきそうな寒空の下、トクさんは上着も着ずに飛び出しました。行き先は、徒歩でも3分かからない国道沿いにある警察署。部屋着に突っかけサンダル、手ぶらという出で立ちでやってきたトクさんを、入口で立ち番をしていた警官が見咎めて声を掛けてきました。

「どうしました?」

「あ、あの、友達が捕まってしまって」

「捕まった?」

「あぁ、今朝、連れていかれた」

「うちの署に勾留されてるの?」

「いやね、すぐそこなもんだから」

慌てているトクさんの説明はあまり要領を得なかったけれど、とりあえず面会の意思は伝わったようです。受付で申し込みをし、1時間ほど待たされた後にようやくハマちゃんと面会することができました。

つい今朝まで隣り合って雑魚寝していたトクさんとハマちゃんが、今では分厚いプラスチック板で隔てられています。

「俺、警察によく説明して、すぐに釈放してもらえるよう頼むから」

「……」

「一体ハマちゃんが何をしたっていうんだよ、なんでだよ?」

「……」

「なーんで、こんなことになったんだよ、俺わかんねーよ」

「……」

トクさんは溢れ出す涙をしきりに袖口で拭ってばかり。ハマちゃんのほうは、自分の置かれた状況を実によく把握していました。とにかくトクさんが生きていてくれたことが嬉しい。ハマちゃんが言いたいことは「死ぬなよ」の一言だけなんです。

面会室の隅に座ってトクさんとハマちゃんの顔を見比べていた留置係の警官が、おかしいなという風に首を傾げ、ドアの外に出て上司に何やら報告。しばらくすると、面会室に刑事が入ってきて、トクさんに尋ねました。

「アナタ、刺された本人？」

「え、あ、はぁ」

「ダメダメ、あんたね、被害者なんだから。被疑者とは面会できない決まりなんだよ！」

「え？」

「まったく。病院から行方不明になったと思ったらこんなところにいたとはね」

半ば強引に面会室から連れ出されてしまったトクさんは、そのまま別室で取り調べを受けることに。そしてそれ以降、トクさんが何度面会を申し込んでも、ハマちゃんと面会することは叶わなかったのでした。

前科多数では厳しい状況

2週間後、ハマちゃんは起訴されました。罪名は「嘱託殺人未遂」。そして数日後、国選弁護人が選任されて、ハマちゃんの元にやってきました。

これまでの経験上、弁護士は皆ボランティアのような仕事にもかかわらずよくやってくれます。今回担当してくれるのは、ハマちゃんと同世代の女性弁護士。小学校の校長先生でもやっていそうな、あったかい雰囲気の人。彼女は自己紹介もそこそこに、こう話し始めた。

「トクさんね、お元気ですよ」

あ、この人は信頼できるな、ハマちゃんは思いました。一番知りたかったことを、一番初めに知らせてくれた。警察は、「被害者情報は明かせない」の一点張りだったのに。トクさんのところには毎日地域の民生委員が訪ねることになっていて、カウンセリングなどのケアも受けているとのこと。ハマちゃんはようやく一息つくことができました。

「それで、トクさんに頼まれて包丁で刺したということは間違いないんですか？」

「あっ、はい」

「何か反論したいことがあったら遠慮なく言っていいのよ」

「いや、刑事さんに説明した通りですんで」

そう、と彼女はため息をつきました。

「弁護士のくせにこんなことを言ってはいけないかもしれ

ないけれど、わたしはね、あなたとトクさん、どちらも被害者であり、加害者だと思っています」

　嬉しかった。ハマちゃんはただただ頭を深く下げて、すべてをお任せするつもりになりました。

「いい年した男2人、面倒掛けてすみません……」

　彼女は微笑みつつも、手元の資料を広げて険しい表情を浮かべました。

「あなた、ずいぶん前科があるようですね」

「はぁ……若い頃にちょっと……」

「前科のうち器物破損や建造物損壊……これが困ったわね」

「すんません」

「関係ないようだけど、その2つが粗暴犯ということで、嘱託殺人未遂罪とは累犯前科ということになってしまうのね。かなり状況は厳しいの」

「別に俺、ムショに入るのは構いません」

「この裁判の意味、わかっている？　あなたは刑務所に行っても構わないと言うけど、できるだけ罪が軽くなるようにしなければいけないのよ。なぜならそれは」

　その答えはハマちゃん自身が最もよくわかっていました。

「トクさんのため……」


自分のせいでハマちゃんが刑務所行きになったとなれば、どんなにかトクさんは心を痛めるでしょう。病気を抱えて不安定な生活を送るトクさんの楽しみはささやかな晩酌だけ。その相手をしてやれるのはハマちゃんだけなのです。必死に自己弁護して刑を軽くしてもらうなんてハマちゃんの主義には反しますが、今回ばかりはそんなことを言っていられません。

　頼もしい弁護人は帰り際にこう言ってくれました。

「トクさん、あなたの裁判で証言するまでは死なないって」

　この言葉を聞いたおかげで、ようやく夜もぐっすり眠れるようになったハマちゃんなのでした。

トクさん情状を訴える

　2カ月後。ハマちゃんの裁判が始まりました。変わった罪状名のためか、傍聴席は満席。これまでの経緯が一通り明らかになった後、トクさんが情状証人として出廷しました。

「ハマちゃんはイヤだと断ってきたんだけど、僕がそそのかしたんですよ。ひとおもいにやってくれってね。

　包丁が折れた時は死ねなくて残念でしたけどね。僕は刑事事件にしようなんて、そんなつもりこれっぽっちもなかった。僕が殺してくれと言ったんだから、これは殺人教《きょう》唆《さ》にあたるんじゃないかな。

ねぇ検事さん、そうでしょう。ハマちゃんに対しては、ただただ申し訳ない気持ちでいっぱい。巻き込んでしまって、可哀そうなことをしたと思ってます。今回のことは、僕の自作自演ですよ」

必死に言葉を尽くしてハマちゃんを弁護するトクさん。その熱い気持ちに、法廷内のすべての人が心打たれました。普段はポーカーフェイスの刑務官ですら、鼻をすすって目頭を押さえていました。

裁判官が、トクさんに優しく尋ねました。

「今後も頑張っていけますか？」

「う～ん、どうだろうね」

「被告人は、あなたが立ち直ることを希望していますよ」

「……そうですね」

最後に、ハマちゃんが証言する番になりました。

「あの時自分がシラフなら、やってなかったと思う。酒が判断を間違わせるんだね。同類相憐れむの気持ちがあってあんなことをしてしまったけれど、こういうバカげたことは二度とやっちゃイカンと思ってます。トクさんが助かったのは、本当に幸運でした」

実は、ハマちゃんが勾留されている間に、3・11の東日本大震災が起こっていました。ハマちゃんはそのことについても触れ、

「地震で、人の命のはかなさ、重さを改めて教えられました。『お前たち、もう一度生き直せよ』という天命だと思います」

検察官からの求刑は、懲役2年でした。

厳しい判決

そして判決公判。人事異動で裁判官が代わっていたけれど、読み上げの前に「今日の判決は前の裁判官が書いたものです」と断りがありました。

「主文、被告人を懲役1年2月に処する。未決勾留日数のうち20日を刑に算入する。被告人に訴訟費用は負担させない」

だいぶ情状が考慮されているとはいえ、実刑です。ハマ

ちゃんのムショ行きが決まってしまいました。裁判官が判決の理由を述べます。

「被告人には強い殺意があったと認められる。包丁が数ミリずれていれば、被害者が死んでいたかもしれない危険な行為だった。被告人には累犯前科が多数あり、規範意識に問題があることは否めない」

血も涙もない判決理由。そんなんじゃ、トクさんが納得しないでしょう!とわたしは憤慨しました。

ところが、です。裁判官は次のように続けました。

「被告人は、本気で死にたがっていた被害者に対し、必死で励まして翻意を促し、何度も引き留めた。このことから、安易に犯行に及んだのではないことは明らか。被告人は心から被害者の安否を心配しており、人命の大切さについても考えを致している。このことから、再犯の恐れは相当少ないといえる。幸い負傷による影響は少なく、被害者自身も深く自責の念に駆られている。こうした事情は、量刑にあたり十分考慮すべき点であろう。しかし、法律上執行猶予をつけられないため、このような判決となりました」

これを書いた裁判官の精一杯の気持ちが伝わる判決文です。ハマちゃんは、少し俯き加減で、じっと裁判官の言葉に聞き入っていました。

友情に乾杯

閉廷後、ハマちゃんは刑務官に連れられて裁判所の奥に消えていきました。ハマちゃんの弁護人と一緒に法廷を出たトクさんは、廊下に響くような大声で心情を語りました。

「『マエ』がなかったら、実刑にならなかったよね。1年2カ月か。つまんないことでね。あぁ失敗したなぁ、彼は人が良すぎるんだ。ねぇ先生、悪いことしたなって、彼に言っといてください」

エレベーターに乗ろうとしたトクさんを追いかけて、わたしは思わず声を掛けてしまいました。

「頑張ってください！」

ライターのくせに、とっさに気の利いたことが言えない不甲斐なさ。トクさんは、ちょっとびっくりしたように会釈をして、階下に降りていきました。たった1年だから、大丈夫。今頃どこかで、2人仲良く柿ピーと発泡酒で晩酌をしていてほしいな、と思うのは、あまりにも感傷的すぎるでしょうか。

7
裁判ドラマの制作現場

「裁判指導」というポジションからみたドラマづくり

『リーガル・ハイ』シリーズなどに「裁判指導」として参加した体験をリアルに報告。

２００８年の秋のことでした。ヒマに任せて傍聴ばかりしていたわたしは、たまたま、翌年5月から施行される裁判員裁判を題材にした単発ドラマを企画していたテレビ局のディレクターと知り合いました。

この「たまたま」がすべての始まりだったと気付くのは何年も経ってからのことですが、当時は「思う存分、裁判の話が出来て楽しい！」というくらいの軽い気持ちでプロットを提供したりしていたのです。

インターン

年が明けてすぐに、その単発ドラマ企画が、連続ドラマという形で決まったと連絡がありました。ただし内容はミステリー的な要素を含むものに変わったので、アイデア出しの会議に参加してほしいとのこと。

恐る恐る局の会議室に顔を出すと、プロデューサーに監督、それに多くのライターがズラリと居並んでおり、プロジェクトが本格的に始動したという緊迫感に溢れていました。会議を重ねるごとに、呼ばれたライターの人数が減っていくという現場のシビアさに触れ、わたしは完全にビビってしまいました。

「次は呼ばれないだろう」「今度こそ切られるだろう」と慄いていたある日、プロデューサーがわたしを呼んで「インターンとしてスタッフに加わってみない？」と言うのです。

ライターとして光るものがあった、というわけでは全然なくて、他の人より裁判知識があるという一点だけで買われたようなものです。

インターンといえども、ドラマの現場を体験するチャンス。もちろんお願いします！と即答でした。ただ、現実問題、ドラマ界にインターンというシステムはないので、AP（アシスタントプロデューサー）の末席に名を連ねることとなりました。

ドラマの制作現場についてまったく何も知らないのに、突然そのど真ん中に放り込まれたのです。現場に新しく入ってくる新人APや助監督は大抵20代前半の若者ですから、30代半ばで体力も根性も怪しい、資格も弁護士事務所の勤務経験もないただの素人を採用するほうがどうかしていると思います。わたしのほうも、現場の修羅場を知らないからこそ飛び込めたのかもしれません。

テレビドラマの現場

こうして、『**魔女裁判**』（フジテレビ・２００９年4月期・土曜23時枠）に加わることになり、スタジオ内のスタッフルームに通う毎日が始まりました。

「何もわからないので、よろしくお願いします！　まず最初に、スケジューラーさんって何をする方ですか？」と訊ねたら、「そ、そこから⁉」と絶句したスケジューラーの顔を今でも覚えています。そんな素人でも受け入れてくれる心の広い仲間たちのおかげで、徐々にドラマの現場のことを覚えていきました。

テレビドラマが、どんなふうに立ち上がっていくのか、どれだけ多くのスタッフが集まってくるのか、どのような打ち合わせを経て台本が作られていくのか。それまでは単に一視聴者として楽しんでいただけですから、完全に未知の世界です。

聞いたことのない専門用語が飛び交い、顔を覚えきれないほどのスタッフが入れ代わり立ち代わり現われてはどこかへ去って行く。目の前で繰り広げられるドラマ制作の舞台裏に、ただ無我夢中で右往左往しているだけの日々でした。

だから、始まって1週間でわたしは確信したのです。

「このドラマが終わるまで、わたし、生き残れないだろうな」と。

わたしの仕事

台本配布やスケジュール連絡、リハーサル室の予約に駐車券の手配といった通常のＡＰとしての仕事以外に、わたしだけの「特命」がありました。それは、ドラマの根幹にかかわる、裁判関連の調べ物。これこそわたしがスタッフとして呼ばれた唯一の理由であり、わたしの趣味そのものでもあります。

ホン打ち（脚本打ち合わせ）のために資料を用意したり、そこで出た些細な疑問点やアイデア（裁判員の選任はどのように行なうのか、裁判員はどこで昼食をとるのか、法科大学院生は裁判員になる資格があるのか、など）の裏を取る作業に追われました。

当時はまだ裁判員裁判の是非を問う市民運動も活発で、施行を前に賛否両論に注目が集まっていた時期。裁判員裁判をまじめに描くドラマならばまだしも、悪の組織が裁判員を脅して判決を操作しようと画策するという不謹慎なストーリーですから、視聴者の反感を買うかもしれないという懸念はありました。ドラマはフィクションだから適当でいいじゃん……と甘く考えているスタッフは誰もいませんでした。

裁判員裁判の進行については、現時点で決定している事柄は正確に再現しようというのが制作陣の方針で、わたしが集めているデータについても、「必ず出典先を控えておいて」とプロデューサーが口を酸っぱくして念を押したものです。

裁判員裁判

２００９年５月に裁判員法が施行されましたが、この後に起訴された対象事件から裁判員裁判となります。つまりドラマが始まる時点では実際の裁判員裁判は始まっていなかったので、裁判所に行ってホンモノを確認することはできません。実施を前に完成していたハコモノ（裁判員裁判用の法廷）をよく観察することから始めました。

裁判所が広報用に作ったＤＶＤやパンフレット類をくまなくチェックし、それでもわからない場合は裁判所や法務省に問い合わせをして確認します。もちろん監修の弁護士もついていましたので、専門家ならではのツテで調べてもらったこともありました。

官公庁に問い合わせをしても、番組名を出した瞬間あからさまに警戒感を示して「まだ始まってないので答えられません」と木で鼻を括るような回答しか得られないことがほとんど。そんな中、イメージ的には一番お堅そうな法務省矯正局（拘置所などの刑事施設や刑務官を管轄）の広報担当の方が、大変親切に教えてくださったのが特に印象に残っています。

「裁判員裁判の時、被告人の手錠はどこで外すんですか？」

というようなまともな質問だけでなく、

「もし裁判中に乱闘が起きたら刑務官はどういう対応をするんですか？」

「勾留中の女性被告人はどこまで基礎化粧品を使えるんですか？」

などという突飛な質問にも真摯に答えてくださった上、

「たとえドラマの都合で実際の運用とは違うシーンになったとしても、きちんと調べた上で演出するのは構わない」

と寛大な理解を示してくれました。

「よく調べもしないで勝手に作られちゃうのが一番困るから」

その言葉を聞いて、わたしはハッとしました。たとえフィクションの世界で現実離れしたことを描くとしても、実際はどうなのか、きちんと調べることは絶対に無駄じゃないんだ、と。その後自分が創作活動を行なううえでいつも肝に銘じています。

クランクインからクランクアップまで

いよいよクランクインが迫ってきて、スタジオに法廷セットが建ったという知らせが届きました。ドラマのスタジオに入るのは生まれて初めて。胸を躍らせて足を踏み入れると……。実際の法廷よりもクラシックで重厚な雰囲気のある、世にも素敵な法廷セットじゃありませんか！　自分が書いた作品じゃないとしても、携わっている台本の世界観が3次元になって目の前に現われた瞬間。思わず「夢みたいです！」と感激して涙ぐんだら、美術プロデューサーに失笑されました。

撮影が始まると、またひとつ「特命」が増えました。法廷シーンを撮影する際、登場人物たちの動きやセリフが適正かどうかを見守る係です。

台本にいちいち動作が書いていなくても、傍聴人はそれらしく傍聴していなければいけないし、刑務官は被告人を連れて入廷しなければいけません。その時にどうやって動くか、視線はどこにいくか、どんなものを身に付け、手に持っているのか。

そういう**細かいことはできる限りリアルにやろうという**

演出方針だったので、それまでのわたしの傍聴経験に照らしてなるべく実際と同じ動作・小道具を再現することが求められていました。

「実際は○○です！」「△△なんてオカシイです！」

とこだわるあまり、監督と衝突することもあったりして、生易しい仕事ではありませんでした。撮影の段取りや都合を把握せずに口を挟んで怒られたことも一度や二度ではなかったし、撮影現場の空気を読むというのは経験値がモノをいいますから完全にアウェイです。自信を持てることといえば、シナリオを読めること、そしてこのスタッフの中では誰よりも実際の裁判をたくさん見ているということだけ。それでも、その２つがものすごく役に立っているという実感を得ることはできました。

ドラマが走り出してからクランクアップまでの約３カ月は、それまでの人生で最も激動の日々だったと断言できます。誰にも見つからないように非常階段で仮眠をとったり、早朝に帰宅してその数時間後にまた猫背でスタジオに舞い戻るというような生活で、ヘトヘトのクタクタ。裁判員なら裁判の途中で辞めても補充裁判員がいますが、ＡＰには控えがいないので辞められません。

もうダメだ、体力と気力の限界だ……と思ったのとほぼ同時に、ついに撮影がすべて終了したのでした。

「裁判監修」「裁判指導」の肩書き

そのままＡＰにならないかというお誘いもあったりしたのですが、丁重にお断りして、わたしはまた元のしがないシナリオライター志望者に戻りました。その後、「弁護士に監修をお願いするほどでもないが、ちょっと法廷シーンを見てほしい」「裁判系の調べ物をしてほしい」というようなオファーが時々あって、２〜３のドラマのお手伝いをしました。

その際にクレジットされた肩書は「裁判監修」（監修だなんて大袈裟！）や、「裁判協力」（意味がわからない！）。要するに、弁護士以外で同じような作業をしている人がドラマ界にいなかったんですね。

弁護士がドラマの内容に問題がないかを監修することは「法律監修」、同様に医師が監修することを「医療監修」と言い、ドラマのエンドクレジットでもお馴染みです。**「監修」とは有資格者が専門知識に基づいて台本の内容にアドバイスを行なうこと**で、どちらかというと撮影に入る前の段階で関わることが多いのではないでしょうか。

その他に、**「指導」と呼ばれる人**たちもいます。例えば医療もののドラマでは、「看護指導」「医療指導」として、看護師資格を持つ方に現場で点滴のやり方や医療機器の操作などの所作を指導してもらうことは欠かせません。

このように、ドラマ内に専門的なシーンが登場した際に、その専門分野に詳しい人やプロとして活動している人を呼んで演技の指導を仰ぐことは多々あります。

珍しいところでは「ルービックキューブ指導」「バイオリン指導」「モノマネ指導」といった変わり種の専門家がクレジットされることもあります。

そんなこともあって、２０１２年にわたしが**『リーガル・ハイ』**（フジテレビ・２０１２年４月期・火曜21時枠）というドラマに加わった時、プロデューサーが付けてくれたのが「裁判指導」という肩書です。つまり新しい職種が誕生したというわけです。

そもそも「裁判指導」とはなんぞや？

『リーガル・ハイ』は当初から裁判シーンがメインになることが想定されたので、ごく初期の段階から監修の弁護士が制作の中枢に加わってアドバイスを行なっていました。

とはいえ、撮影に関わるスタッフ、特に助監督チームは裁判に関する知識ゼロの状態からスタートしなければならないという先行き不安な状態。また、監修の先生が関西在住だったため、都内のスタジオで撮影の様子を監督してもらうことはほぼ不可能ということもあり、こりゃ何か対策をしないとマズいぞということになったようです。そこで、たまたま『魔女裁判』にいたスタッフが「ちょうどいいやつがいますよ」と推薦してくれた……というのが、わたしがこのドラマに参加した経緯でした。

そのようにして『リーガル・ハイ』、『リーガル・ハイＳＰ』（２０１３年４月）、『リーガル・ハイ』（２０１３年・10月期）の一連のシリーズに「裁判指導」として関わることになったのです。

「裁判指導」の仕事内容

別のドラマで法律監修をしている弁護士に話を聞いたところ、わたしのような取次ぎ役がいない場合、ＡＰやＡＤと直接やりとりをしているそうです。撮影現場からの急な電話には対応できなかったり、話が噛みあわなかったりというような不都合が生じることもあり、法律監修する弁護士側にもコツと慣れが必要なようです。

「裁判指導」の仕事には前例がないので、プロデューサーからは「こういう作業をしてください」と具体的な内容を指示されたことはありません。できることをやってください、という感じ。でもわたしが「裁判指導」として入るからには、現場のスタッフと弁護士の間をつないで情報交換を密に行なえる状況を作るのが役割だと思い、ドラマを良くするためにできることは何でも取り組んできました。

行なっていた作業を大きく2つに分け、具体的にご説明します。

1．台本段階でのチェック

作業は、準備稿と呼ばれる台本が手元に届いたところから始まります。

弁護士からは、法律の解釈が誤っている部分や弁護士倫理に反する表現など、本筋に深く関わる部分についての指摘・変更指示が入ります。その赤ペンが入った部分を踏まえて、わたしのほうでは用語のチェックや法廷シーンにおかしい部分がないかなどを確認していきます。

例えば、単純な言葉遣いの問題。セリフに**専門用語の誤用がないかどうか**を調べます。

『リーガル・ハイ』では、弁護を依頼してくる顧客のことを、登場人物のキャラクターによって「クライアント」「依頼者」「依頼人」と言い分けていますが、それがゴッチャになっていないか。

民事事件なのに「弁護人」となっていないか（正しくは代理人）。調停事件で「弁護人」となっていないか（正しくは中立人代理人）。刑事裁判の場で「被告」と呼んでいないか（正しくは被告人）。といった単純な誤用です。

逆に、意味がわかりにくい専門用語を、平易な話し言葉に直す作業も行ないます。家庭裁判所での審判を取り上げた回では、本来なら「審判廷」とすべきところでしたが、プロデューサーと相談し、視聴者に伝わりやすいようにあえて「法廷」とセリフで言うことにしました。

このほかにも台本でチェックしなければいけない箇所は多々あります。

○**「裁判官が判決を読み上げる」というト書**があれば、ふさわしい内容の判決文を下書きして監修の弁護士に手直しをしてもらう。

○「**検察官が書類を手にしている**」との**ト書き**があれば、どんな書類を持っているのが適当なのかを考えて助監督と一緒に作る。

○**裁判員裁判のシーン**が出てくれれば、裁判員や刑務官などとして必要になるエキストラの人数を助監督と確認する。

○ドラマで描かれる**裁判の事件名**を確認する。

例えばニュース報道で「○○市資産家殺人事件」などと呼称される事件でも、裁判においては「殺人被告事件」となります。

また、ご近所トラブルの裁判は、請求内容によって単なる「損害賠償請求事件」となります。

これらの事件名は、後に裁判資料ファイルなどの小道具を準備する際に必要になります。

○**尋問の順番**が間違っていないかを確認する。

刑事裁判で被告人質問を行なう場合、まず弁護人から質問した後に検察官が質問、そして弁護人が必要に応じて再質問する——というのが通常の手順です。ところがドラマの展開によっては検察官が先に質問をする流れになっていることもありますので、一応これは指摘します。

○完成した映像に**テロップ**を入れるとすれば、どのシーンに入るか、どのフレーズがよいかを考え、弁護士に最終チェックを依頼する。

これらはほんの一例ですが、台本に書いてあること、書いていないが撮影に必要なことなどを細心の注意を払って確認していきます。

専門家の意見が必要な事柄については、質問事項をまとめて監修の弁護士にメール。先生もお忙しいので、急ぎで回答をもらいたい質問とそうでない質問を振り分けて依頼します。

この段階でよく調べておかないと、撮影する段になって急に変更や追加事項の連絡をすることになり、用意が間に合わなかったりバタバタする羽目になります。

その後、「**美打ち（美術打ち合わせ）**」という全体会議があるので、参加します。美打ちでは、監督の演出プランが発表され、それにしたがって各スタッフが準備を始めます。ロケ場所とかセットに関することや、用意すべき衣裳などについて、各スタッフと摺り合わせをします。

2. 撮影現場でのチェック

法廷シーンを撮影する時には必ず立ち会います。

どんなに周到に事前準備をしたつもりでも、当日になって予定と違うことが起こったり、専門用語の発音がわからなくなったりというような突発的なことが発生するからです。

スタジオでの撮影は、**スタッフ・キャストが全員集まって「ドライ」と呼ばれる段取り**をすることから始まります。役者さんが実際にセリフを言いながら動いてみて、監督が「こっちから歩いてきて、このタイミングでセリフを言って」と指示したり、それに伴うスタッフの動きを確認していく作業です。

○ドライ前

わたしはそのドライの30分くらい前にスタジオ入りし、セットの準備が整っているかを最終確認します。

刑事裁判と民事裁判の法廷は仕様が異なりますので、その配置が正しくなっているかどうか。裁判員裁判の場合は特に備品が多いので、抜けている物がないか。

民事裁判の場合は、原告代理人と被告代理人の着席位置は間違っていないか。置いてある資料は事件の内容に相応しいか。

ドライ前の時間に、監督から刑務官や裁判官の動きについて相談を受けることもあります。

例えば、全員が入廷して開廷するというシーン。映像にするとほんの数秒のシーンですが、弁護人と検察官が揃い、被告人が刑務官に連れられて入廷して手錠腰縄を外し着席、そこに裁判官・裁判員が入廷してきて全員起立、礼、着席――というようにお決まりの順番があり、それとセリフを言うタイミングを組み合わせなければいけないからです。

この手順はいちいち台本に書いてあるわけではないので、ドライでの打ち合わせが重要になってきます。

○ドライ中

ドライ中が一番神経を使う時間です。主人公以外にも、裁判官や書記官、傍聴人に至るまで、すべての登場人物が「よーいスタート」で、一斉に動き出します。彼らの動きに目を走らせて、違和感がないかどうか考えます。

例えば、弁護人が「異議あり、本件と無関係の質問です」というセリフを、席に座ったまま検察官に向かって言っていたら不自然です。ほんの少しでも椅子から腰を浮かせて片手を挙げ、裁判長に向かって「異議あり」と述べるようにします。異議を述べる相手は、発言している検察官ではなく、裁判官だからです。

普通は法廷では起こりえないこと

　また、ドラマの中では普通は法廷では起こりえないこと、弁護士が暴走したり、傍聴人が乱入するといった異例の出来事がよく発生します。こういう非常事態で裁判所職員がどういう行動をするかは、監修の弁護士でもわかりません。ですので、「たぶん、この人の職業意識ではこう動くだろう」という推測を、監督に進言したりします。

『魔女裁判』の時に、法務省矯正局の方に「もし傍聴人が被告人に襲い掛かったらどうするんですか?」と聞いたことがあります。答えを聞いてナルホド!と思いました。

　裁判に出廷する被告人に付き添う刑務官は、その被告人が逃げないように見張っているのだと思っていたのですが、それだけではなく、きちんと裁判を受けられるように被告人の身柄を守るという任務も負っているのだそうです。

　被告人自身が暴れたらもちろん取り押さえますが、逆に被告人が何者かに襲われた時には身を挺して守るだろう、というのが当時の法務省担当者の見解でした。

　今回のドラマでも、被告人が危ない目に遭いそうになるシーンが登場しました。そこで、刑務官役の役者には、暴漢と戦うよりも、被告人を守るという行動をとるようにアドバイス。これが刑務官の職業意識に沿った行動、という意味です。

《実際は違う例1》証言台に立つ

　よく「証言台に立つ」という言い方をしますが、**実際の裁判では証言を行なう人は着席しています**。しかし、『リーガル・ハイ』では徹頭徹尾、証人は立ったままでいくと決まりました。

「実際には座ってます」と言いたいところですが(一番初めにはその旨言いましたが)、証人が座ってしまうと弁護人との間に高低差が出来てしまい、撮影しにくいという理由からです。また、証人が座ったままでは、演技の幅が制限されてしまうということもあります。ちなみに実際は、証人に対しては裁判官から「椅子に座ってください」と指示されますが、立っていてはダメという決まりもないので、

１００％誤りというわけではないんですね。

ある回で、足に怪我をした証人が登場しました。監督がわたしに「証人、座らせてもいいかな？」と尋ねてきたので、「どうぞどうぞ。というか、本来は座ってるほうが正しいので！」と答えました。でもドライを見ていたら「あれ、座ってるの変じゃない？」と感じてしまい、慣れとは恐ろしいなと思ったものです。

《実際は違う例2》法廷内を歩き回る

弁護士が法廷内を縦横無尽に歩き回るのも、フィクションならではの表現です。

実際に裁判を見に行けばすぐにわかると思いますが、法廷内にいる人たちはせいぜい自席で立ったり座ったりするくらいで、ほとんどその場から動きません。

ただ、その静止画のような映像をテレビ画面で見せられても、ちっとも面白くないですよね。実際は違うけれども、証人にグッと迫ったり、裁判官に詰め寄ったり、弁護士同士で睨みあったりする描写が、ドラマの醍醐味でもあります。

とはいえ、思わぬ反応も耳に入ってきました。主人公の弁護士が法廷内で自由に弁論を繰り広げる姿を見て、ドラマを観たホンモノの弁護士が言ったそうです。

「確かにあんなふうに法廷の真ん中に出ていく弁護士はいないが、かといって出ていったらダメという罰則もないのだから、今度一度チャレンジしてみようか」。

これを聞いて嬉しいような焦るような複雑な気持ちになりました。本気かどうかはともかく、もし真似をする弁護士がいたら是非ともその様子を見てみたいものです。

誰にいつ、何を言う？

何か指摘すべき点があった場合、それを誰に言うか。何気に判断が難しいところです。

メインの役者のセリフ回しや動きについてはチーフ助監督、エキストラや衣裳に関することはセカンド助監督、小道具やセットに関することはサード助監督。現場でセリフの用語間違いに気づいた場合は急いでプロデューサーに相談する、という具合です。

気付いたことがあれば言うだけ言い、後は演出の判断にお任せし、意見を求められたときにはしっかり意見を言う。簡単なことです。が、それが難しい。

実際の弁護士は
法廷内を歩き回ったり
しません

「オカシイ」と思ったことがあっても、絶対に譲れないいくらいオカシイことと、別にこだわるほどでもないことがありますし、現場に反映させられることと、そうでないこともあります。その判定をするのがわたしの任務なので、責任重大です。

伝えるタイミングもコツが要ります。スタジオ中が洗濯機でかき混ぜられているような喧噪の中、助監督を捕まえて伝達します。このチャンスを逃すと、あとはたちまち本番に突入してしまうので、修正が効かなくなるからです。

もちろん、進言したことがそのまま反映されるとは限りません。ドラマとは、撮影の都合、演出の都合、時間の都合、その他いろいろな要素が組み合わさって成立するものなので、現場でわたし一人が「弁護人が歩き回るなんてオカシイ！　絶対に止めてください！」などと強弁していては何十人もの仕事がストップしてしまいます。

あまり出しゃばると演出に介入することになってしまうし、かといって何も言わなければ存在意義がない。

現場に立ち会う時はそのさじ加減にいつも悩んでいて、「ヘンだって言おうか」「いや、これは演出の範疇だ」「一応言うだけ言おうか」「でも同じこと前も言ったしな」と葛藤の連続でした。

でも『魔女裁判』で学んだ通り、制作する立場の人が正しい情報を知った上で演出をすることは大事。できる限りの情報提供を行なうのが務めだと自分に言い聞かせて「裁判指導」をしていました。

撮影現場でその場の状況に応じた適切な対応をするために一番必要なのは、反射神経。一瞬一瞬が勝負というところがあります。これを身に付けるには、それなりに現場経験が必要なのかもしれません。

学んだことも

学んだことも多々ありました。

ただの傍聴マニア時代は刑事裁判にしか興味がなく、時々家庭裁判所に行って離婚裁判を聴いてくる程度だったわたし。でもドラマでは民事事件を取り上げることが多く、部外者は傍聴できない調停事件も登場しました。慌てて民事を傍聴しに通ったり、プロの法律家向けの専門書を入手して勉強したり。『刑事裁判記録教材』『民事訴訟第一審手続の解説』なんていう司法研修所で使用するテキスト類を持っている素人はわたしくらいかもしれません。

台本が届くたびに必要に迫られてなんとか体裁を取り繕

っているうち、気付けば司法に関する知識の幅がグッと広がっていったのでした。

失敗

――などと偉そうに語りましたが、実は失敗もたくさん重ねてきました。本気でマズい失敗はここには書けませんので、可愛らしいレベルのミスを白状します。

○刑事裁判のシーンなのに、弁護人が机に出している資料の中に「知的財産法」の判例集が混じっている（関係ない！）。

○書証の表紙しか作っていないのに、役者さんが芝居の中でペラリとめくってしまい、全然関係ない内容のページが映ってしまった。

○被告席の関係者たちの座り順が不自然だった。

○裁判員裁判には記録用のビデオカメラが備えてあるのに、事前の確認不足で準備が間に合わずに、仕方なくＰＣの小さなｗｅｂカメラをそれと見立てた。

○検察官が資料の入った風呂敷包みを抱えて入廷するところまではよかったが、「開廷します」で礼をする時にその包みを後ろの荷物置き用テーブルに置いていた（これから裁判で使用する資料なのだから、開廷時には中身を広げて準備していなければオカシイ）。

○裁判官役の役者さんが判決文のセリフを事前にきちんと暗記してくださったため、手元の判決文を見ずに判決宣告をした形になった（本物の裁判官は暗記しません）。

……などなど、こんなのはほんの一例で、正直に挙げたら枚挙にいとまがありません。

ドライの時に気付かず本番が始まって手直しできなかったミスもあれば、家でオンエアのテレビ画面を見ていて気付いたミスもあります。

こういったつまらないミスで作品のリアリティを損ねるのは実に不本意です。だから、オンエアを観る時にはいつも「変なモノが映っていないか」「見逃していたミスを発見するのではないか」と神経を張りつめるようになり、その結果、自分が関わったドラマをまったく楽しめなくなってしまいました。大げさに言えば職業病かも？　すごく損した気分です。

ドラマ現場のステキな人々

ひとつのドラマに関わるスタッフは、撮影現場に出る人だけでざっと60人以上。皆忙しそうに走り回っているし、誰が何をしている人なのかさっぱりわかりません。

慣れれば、身に付けている物や立ち居振る舞いだけで「照明部さん」とか「衣裳さん」などと見分けがつくようですが、こればっかりは連ドラを数回経験したわたしもいまだに判別が難しいです。

美術や技術のスタッフは「ザ・職人」というオーラを醸していて気軽に声を掛けられる雰囲気ではありませんし、入りたての頃は皆さんの作業の邪魔にならないように自分の居場所を確保することだけで精一杯でした。

初めは「あれ誰？」という感じでわたしのことを遠巻きに見ていたスタッフの人たちも、そのうち「裁判指導」なる職種の立ち位置を把握してくれたようで、撮影の合間に

「ねぇねぇ、ホントの裁判ではこんなことあるの？」

「なんで検察官は風呂敷使ってるの？」

などと気軽に話しかけてくれるようになりました。「このドラマが終わったら傍聴に行ってみようかな〜」と興味を示してくれる人も少なくありませんでした。

そうこうしているうちに、気付いたら皆さん、裁判に詳しくなってきたのです。

スペシャリスト1

例えば、証人尋問のシーン。相手方代理人がまだ尋問の途中なのに、主人公の弁護士がそれを遮って自分の質問を始めてしまう、というくだりがありました。

本来ならばそんな勝手な振る舞いは許されませんし、裁判官が注意するはずのシチュエーションですが、ここはいわゆるドラマの都合ってやつです。

ドライの後、カメラマンがわたしのところに、

「あれ、何も言わずに途中で引っ込むの、ホントはおかしいよね。画面に映らないほうがいいよね」

とコソッと確認に来ました。確かにその通りで、相手方弁護士が何も言わずにスゴスゴ引き下がる姿が映ったら、

「え、いいの？」

と気になる視聴者がいるかもしれません。

こういった細かい工夫があるのとないのとでは、観てい

る人の印象がまったく変わってきます。

スペシャリスト2

撮影が深夜に及んだ帰り道、相乗りのタクシーで、ある音声部さんと一緒になりました。なんとなくその日の法廷シーンを振り返っていたのですが、いつの間にか法廷のマイクの話題に。

リアルの法廷のマイクは声を拾って録音するためのものか、それともはっきり聴こえるようにするためのものか。

それまでわたしが考えたこともなかったマイクの目的について、音声部さんは熱く語り始めました。呆気にとられて聞いていると、

「前に地方の裁判所を見学した時に職員の人が言ってたんだけど、裁判所のマイクはシルバーとかじゃなくて絶対に黒なんだって！」

というピンポイントすぎるトリビアまで教えてくれました。ほんとに仕事が好きなんだな、ドラマの現場に集まっているスタッフはスペシャリストの集団なんだな、と改めて実感した午前2時でした。

助監督

スタッフの中でもっとも関わりが深かったのは、助監督チームです。今回の連続ドラマでは、特別に裁判関係の小道具の準備や調べ物を専門に行なう助監督がいて、主に彼女と密接に情報交換をしながら取り組んできました。一緒に裁判所に行き、「わたしたち、裁判ものの自主映画を企画している学生ですが、ちょっと調停室を見学させていただけませんか～？」と怪しげな取材を申し込んだのもいい思い出です（断られましたが……）。

助監督は台本に対して非常に忠実です。よくわたしも一緒に悩んだのが、たびたび登場した**『弁護士、書類仕事をしている』という卜書**。シナリオを書く立場からすると、仕事をしている情景を何気なく描写しただけではないかなぁと思うのですが、助監督が読むと「その書類とは一体何だろう？」となります。

そのシーンの前後の展開を検証し、「このタイミングなら上告趣意書かな」とか「いや、別の事件の証拠申請書じゃない？」などと話し合って、その書類を作ることになります。画面に映っても大丈夫なように、キチンとドラマの

内容に沿って作成するのです。

そのために役名での職印（弁護士が使用する印鑑）も用意。ホンモノの弁護士がそれなりの手数料をとって作成するような書類を助監督が調べて作るのですから、大変な手間がかかっています。その苦労は報われてほしい！って思いますが、苦労したものに限って、オンエアでは映らなかったりするんですよね。

「やっぱり映らなかったですね」とクールに受け流して、すぐさま次の作業に取り掛かる助監督の姿には、本当に頭が下がる思いでした。

恐れ知らずな最高裁傍聴

助監督の彼女と一緒に最高裁の傍聴に行った時は、我ながら怪しさ満点だったと思います。

無表情で（撮影も佳境で疲れ切っていました）、肩に食い込むほど重くてデカいカバン（台本やパソコンが入ってるため）を抱えている職業不詳の2人の女。連れ立って来ている割には会話もせずに各々必死にメモを取っている。鋭い視線で周囲を見回しては、時折「職員全員、インカムあり」「門番が一人、警備会社のワッペン」などと耳打ちし合う（エキストラの衣裳の準備のため）。

所内に入ってからは建物の構造や注意書きの看板を模写する（美術さんに伝えます）。係員の持っているファイルボードを覗き込もうとする（小道具の参考に）。手分けして記者席や傍聴席の数を数える（セットの参考に）。お互い、撮影のために何を調べなければいけないかがよくわかっているので、阿吽の呼吸なのです。

事情を知らない裁判所の人には、何らかの危険行為を企んでいるように見えたようです。あからさまに警戒されましたが、そんな不穏な空気を知ってか知らずか、いかつい警備員にズイッと近寄っていって「警備の方って、裁判所の職員なんですか？」と（衣裳準備のため）突撃インタビューをしている助監督は恐れ知らずでカッコいいなと思いました。

制作部さんのベストチョイス

わたしや助監督だけでなく、**初めての最高裁シーン**をどうやって構築していくか、ベストを尽くそうとスタッフ皆が総力を挙げて奔走していました。ある日、撮影の待機時間に、ロケ地の選定を担当する制作部さんが、分厚いファイルのロケハン写真を見せてくれました。

　最高裁の廊下でのシーンを撮る場所の候補として挙がっていたのは、石造りの重厚な博物館。最高裁を見学してきたばかりのわたしは、その写真を見て「わ！　いかにもそれっぽい！」と太鼓判を押しました。「最高裁の壁は石積みで、廊下にはじゅうたんが敷いてあって……」などと興奮気味に解説していると、そこに美術部さんが「なに、最高裁の話？」と通りかかりました。

　美術部さんは、最高裁小法廷のセットについてお悩みの様子でした。予算が限られているので、あまり大掛かりなセットは建てられない。できればこれまで使用してきた地裁のセットをアレンジする形でなんとかしたい、とのこと。そこで、わたしがひとつアイデアを出しました。

　最高裁の大法廷には、石の壁で音が反響するのを防ぐ目的で、前と後ろの壁にそれぞれ2枚ずつ巨大な西陣織のタペストリーが掛けてあります。前は太陽、後ろは月のモチーフで、裁判が公正に行なわれるようにという願いが込められているという話でした。

　また、最高裁では、裁判官らが入廷する扉がなんと音もなく自動で開閉するのです。それがまるで魔法のように見えて、ドラマ的だなという印象を持っていました。

　タペストリーや自動ドアは地裁や高裁の法廷にはないので、最高裁ならではの特徴になるのではないかと思い、「是非取り入れてほしいなぁー」と美術部さんにお願いしたところ、「まぁ、考えてみるよ」との返事でした。

粋な美術部さん

　そんな会話がキッカケで、小法廷の写真を探してきたり、実際の最高裁の裁判を何度も傍聴して法廷の見取り図を描いたりして、その後も美術部さんにせっせと情報提供したのです。

　間もなくして迎えた最高裁シーンの撮影当日。セットに入ったわたしは思わずオォッと唸りました。

　元々使っていた地裁の法廷がベースになっているものの、座席の配置や傍聴席との仕切り壁などの工夫で、まったく違うイメージの法廷に生まれ変わっていたからです。あいにくドアは自動ではなく、タペストリーもありませんでしたが、わたしが色々調べたことを活かしてもらったのはよく伝わってきました。

　無事に撮影が始まって1時間くらい経った頃でしょうか。ふとした瞬間に気づきました。裁判官席の横の壁にさりげ

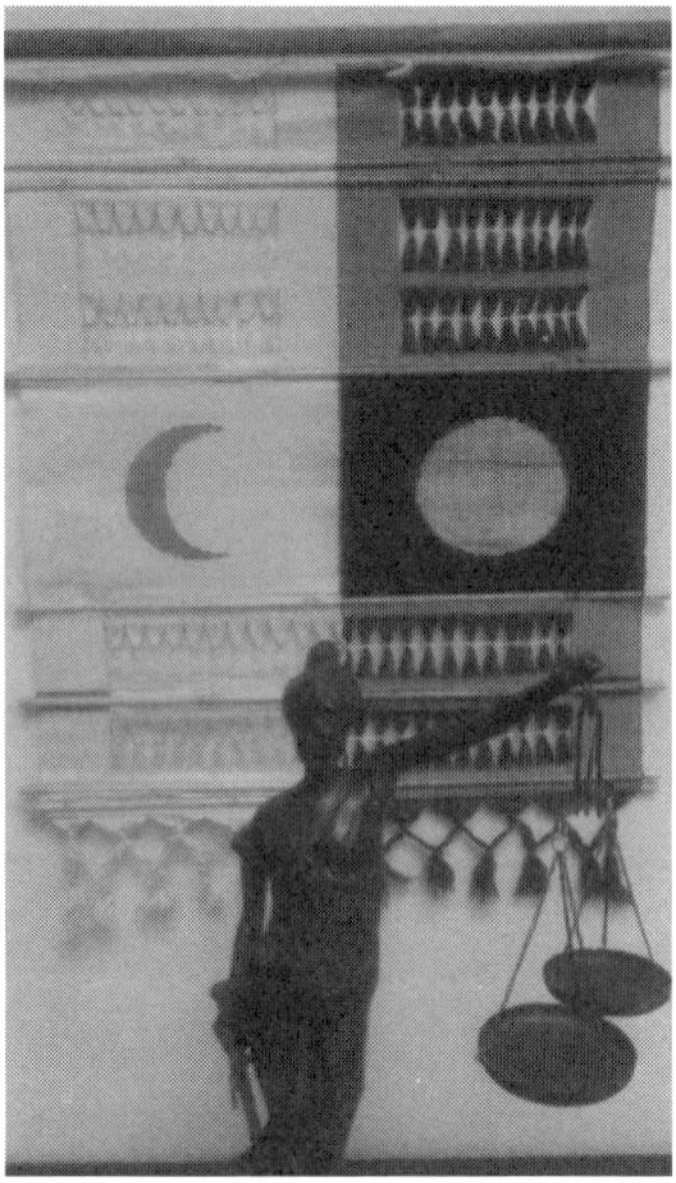
最高裁小法廷のセットに登場した、太陽と月（？）のタペストリー

なく飾ってある小さな織物。なんとそれは、太陽と月の図柄でした！　規模もデザインも全然違うけど、わたしが話したタペストリーをオマージュしてくれていたに違いありません。これには感動です。細かすぎて視聴者には伝わらないでしょうが、気持ちが嬉しいじゃないですか。

　思わず美術倉庫に駆けていき「太陽と月！」と叫ぶと、件の美術部さんは「へへ、気付いた？」とニヤリ。職人の粋な計らい、しっかり受け止めました。

現場を体験する大切さ

脚本家という立場だと、撮影現場のスタッフと世間話をしたり一緒にロケ弁を食べたりする機会はほとんどありません。そんなのシナリオを書くこととは関係ないでしょ！　と思われるかもしれませんが、わたしは大変得難い経験をしたと思っています。

　シナリオと小説の違いを説明する時に「**シナリオは設計図だ**」と言い表わされます。その意味は現場を体験してみて、現場のスタッフの生の声を聞いてみて、痛いほどよくわかりました。

　台本が各スタッフの手に渡った後、どうやって映像化されていくのか、その工程をおおまかにでも把握できたことは、今後自分がシナリオを書く際に大きなアドバンテージになりそうです。

　そして、なによりの財産となったのは、人とのつながりです。制作現場で顔を突き合わせていると、自然と信頼関係が生まれます。番組が終わった後もお付き合いしていきたいと思える仲間がたくさんできました。実際、志を同じくする助監督と一緒に企画を立てたこともありますし、裁判指導としてではなくシナリオライターとして仕事を紹介していただくこともあります。

　こうした交流の中で、脚本を書く立場でのロジックと、制作する立場のロジックが違うということがよくわかるようになりました。脚本の勉強をしているだけでは、知り得なかったことだと痛感しています。

それにしても、ある日思い立って裁判所に傍聴に行ったら、そのことが巡り巡って数年後にラブストーリーの脚本を書くことになったなんて。そんなドラマチックな展開、当時のわたしに言っても信じてくれないでしょう。

これってまさに、「裁判はドラマだ！」。

本書のタイトルにふさわしいオチがつきました。

あとがき

いかがでしょう、裁判所に行ってみたいって思っていただけたでしょうか?

今回の出版のキッカケとなったのは、シナリオ・センターが発行している月刊誌「シナリオ教室」で連載中の『司法の国のアリス～脚本家志望者の霞ヶ関探検記～』というタイトルのエッセイです。

ある日突然ウサギの穴に落ちて不思議の世界で大冒険を繰り広げるアリスに、ほんの小さな好奇心で首を突っ込んだだけなのに、司法の世界に引っぱりこまれてズブズブと深入りしていく自分を重ねました。

ところで、本家『不思議の国のアリス』は、法廷モノのお話だということにお気づきでしょうか?

ある時、アリスは裁判に連れて行かれます。

女王のタルトを盗んだという窃盗の疑いで刑事裁判の被告人となったのは、ハートのジャック。動物たちが陪審員を務めていて(日本で言えば裁判員裁判か)、ジャックはでっちあげの証拠を使って追及されます(証拠捏造による冤罪!)。証人として出廷したアリスも、女王のとんだ言いがかりで首をはねられそうになります。

アリスはあまりの馬鹿馬鹿しさに腹を立て、近づいてきたトランプの兵隊に向かって叫びました。

「あんたたちなんてただのトランプよ!」。

するとトランプたちはパッと空中に舞い散り、その瞬間アリスは夢から目覚め……というところで童話は終わります。

霞ヶ関に通う日々を経て、裁判ドラマの現場にも飛び込み、こうして本まで書き終えた今、わたしの頭の上でトランプがパッと散った気がします。そろそろ目を覚まして、しがないシナリオライターの自分に戻る時かもしれません。

わたしが司法という不思議の国で出会ったすべての方、新しい世界に導いてくれたすべての方に感謝を申し上げます。そしてわたしのこの冒険の記録が、同じくシナリオライターを目指す皆さんのお役に立てれば、何より嬉しいです。

著者………萩原　恵礼（はぎわら・えれい）

駆け出しのシナリオライター。旅行会社、IT関連企業の会社員を経て、ある日突然エンターテインメントの世界を志向してシナリオの勉強を始める。

裁判関係では、主にドラマ『魔女裁判』（09）、『リーガル・ハイ』（12）、『リーガル・ハイ　スペシャル』（13）、『リーガル・ハイ』（13）にて裁判指導。その他、『誰かが嘘をついている』（09）、『世にも奇妙な物語・呪い裁判』（09）『JOKER』（10）にも裁判監修等で協力。

11年5月より、月刊「シナリオ教室」（シナリオ・センター刊）にてコラム『司法の国のアリス～脚本家志望者の霞ヶ関探検記』を連載中。

本業では、映画『青いソラ白い雲』（11）共同脚本、BeeTV『恋愛は必然である～ドラマで分かる！新感覚恋愛法則』（14）脚本のほか、ラジオドラマ、情報番組構成など。

イラスト………工藤六助
装丁……………山田英春
ＤＴＰ組版……勝澤節子
編集協力………田中はるか

「シナリオ教室」シリーズ

裁判はドラマだ！

シナリオを書きたいあなたのための
笑いと感動の裁判傍聴ガイド

発行日❖2014年3月31日　初版第１刷

著者
萩原恵礼

発行者
杉山尚次

発行所
株式会社言視舎
東京都千代田区富士見2-2-2 〒102-0071
電話03-3234-5997　FAX 03-3234-5957
http://www.s-pn.jp/

印刷・製本
モリモト印刷㈱

ISBN978-4-905369-83--7 C0374